U0071309

野球場
米國直傳の野球技！
1934–1949
9IN.5oz.
CORK CEN
Cow's Hid
Mei
美國陰影下的日本職棒發展
戰場
就是
劉建偉・著

目次

前言

一九三四年十一月二日這天午後兩點，在東京車站外，已擠滿等待遊行車隊的群眾，人潮中可見日本與美國的旗幟正隨風飄揚，人們隨著遊行車隊的到來而歡呼，一句句「萬歲！萬歲！」此起彼落，不絕於耳。遊行車上，清楚可見一位西裝筆挺、面容慈祥的彪形大漢，面帶微笑，右手持「星條旗」，左手持「日之丸旗」，向群眾不斷揮舞，而群眾也以最大的熱情回報，街上所有目光都投向他——他是今次遊行的焦點，也是即將在日本各地所舉行「日美交流賽」最重要的人物：貝比・魯斯（Babe Ruth, 1895-1948）。首次踏上日本國土的魯斯，在讀賣新聞社的宣傳下，迅速成為日本的風雲人物，所到之處都使當地球迷為之瘋狂。儘管當時國際上美日兩國有著理念上的衝突，但並不減美國明星隊為日本棒球所帶來的盛大風潮，尤其魯斯本人，更成為日本家喻戶曉的棒球巨星。

而在魯斯造訪日本十年之後的一九四四年三月，也是太平洋戰爭堂堂邁入的第三年。戰爭局勢開始對日本不利，日本不論是陸地或海上作戰，都無法與美軍抗衡，日軍開始下達自殺式的作戰指令，企圖體現「玉碎」精神。此時，南太平洋的格洛斯特海角，正準備上演一場泥沼中的殊死戰，美國士兵正蓄勢待發的等待日軍到來，欲以痛擊。不久後，果然按照美國軍官所預想，十多位日本士兵即將「自殺」式衝向美軍。此刻隱約聽到幾句英語傳來，美軍原以為會聽到日本士兵高喊著「天皇陛下，萬歲！萬歲！」——結果並非如此，耳中傳來的竟是：「與魯斯一同下地獄去吧！」

大聯盟明星球員「魯斯」從全日本的偶像變成日本敢死隊口中咒罵著該下地獄的人，前後不過十年光景。其中巨大的轉折，反映的是背後大時代的變動，即一九三一至一九四五年間的「十五年戰爭」。這十五年不僅牽動中日兩國，也極為關鍵地影響整個東亞，以至於全球日後的發展。而作為亞洲第一個職業棒球聯盟的「日本職業野球聯盟」（今「日本野球機構」的前身），就在這個動盪的時刻應運而生。只是在日本國內瀰漫軍國主義的氛圍下，甫成立的聯盟，不久便成為歌頌戰爭的組織。自一九三七年至一九四四年聯盟宣告停止運作為止，球員收到徵兵令步上戰場、為軍隊祈福並舉行獻納比賽、在比賽前表演軍隊儀式等，都是這個階段的常態，可說是日本職棒歷史上一個極為特殊的時期。

連盟

現在中文所使用日本職棒聯盟的「聯盟」一詞，在本書所寫時間軸上，其相關資料的日文書寫為「連盟」，不過在本書中一律以現今中文習慣使用的「聯盟」表示。此外，本書另會出現「國際聯盟」一詞，是為國際組織的名稱。

而「魯斯在日本的形象」正是這段歷史一個具體而微的案例：他先是戰前訪日受到全國球迷的景仰崇拜；到了戰時則被營造為美國的象徵，日本將對美國的憎恨投射在他的身上；而戰後，又以他為名，制定「魯斯紀念日」來表達他對日本棒球發展的貢獻。儘管這只是日本史上一個極微小的案例，然而這樣的轉變，不僅顯現出日本在戰爭前後期對美國態度的變化，更反映了日本長期對美國的矛盾心態。

美國人類學家潘乃德（Ruth Benedict, 1887-1948）曾在其名著《菊花與劍》（*The Chrysanthemum and the Sword*）一書中這樣描述日本的民族性：

> 富有侵略性卻又毫無威脅，奉行軍國主義卻也不乏審美情趣，粗野蠻恨卻又彬彬有禮，冥頑不化卻又與時俱進，柔順軟弱卻又不甘受欺，忠誠而又奸詐，英勇而又膽怯，保守而又迎新。[1]

以上這段話說明二戰期間，美國人對日本民族性格的想像。日本人的民族特徵，就在於一種內心的矛盾心態。但這樣的心態並非一成不變，在日本國家歷史發展過程上曾有多次變動，而影響至今最明顯的莫過於明治維新。按日本著名心理學家南博（Minami Hiroshi, 1914-2001）的說法，明治維新後，日本國民性格有著根本上的轉變。為了建立所謂近代的國家，與天皇制並行的政府大力推動「文明開化」與「富國強兵」這兩大政策，使得日本國民性格產生雙重意識：第一，為了迎頭趕上歐美，日本人產生西方崇拜的近代化情結；第二，天皇崇拜中封建身份意識的抬頭。這裡的西方崇拜，也間接造就日本另一種優越意識，即對於中國等其他東方各國的優越感。[2]歐美列強打開日本人長期鎖國的視野，使日人體認到自我對世界的隔閡，產生對西方世界的嚮往與自我的自卑，同時也因此對於長期熟悉的臨近東方國家的文化產生排斥與輕視。

崇拜西方之外，另一方面顯現的則是日人那極具好奇心的性格。鶴見和子（Tsurumi Kazuko, 1918-2006）指出，或許是島國的關係，日本自古就極具強烈的學習慾望。從七世紀的大化革新、十六世紀傳到日本的基督教文明與鐵砲，再到十九世紀明治維新後向歐美學習，皆能看出日人對於新事物的熱衷。儘管無法全盤認定所有日本人都具備願意接受新事物的心胸，但他們願意嘗試，進而內化成自我的行為模式。[3]或者從文化上的角度來說，日本始終認為自己被遙遠隔離在世界較先進和較普遍的文化之外，這種意識造就出自卑感，深植在日本人的潛意識中。而這正是能激起日本人好奇心與學習力的原因，使得他們普遍擁有一種吸收外界新知的衝動。[4]這樣的個性也讓他們更願意傾向排除傳統的那一端。尤其明治維新後，日本接受新事物的心態比過去任何一段時期都更加積極。例如有著千年歷史的傳統技藝——相撲，在明治初期，因為受到西化政策的影響，竟在短時間內就受到大眾排斥。相對的，日本人對相撲發出禁令的同時，則開始學習來自異國的文化——棒球。

剛傳入日本的棒球在當時被視為一種歐美先進文化，這使得棒球在日本發展初期並未受到阻礙。儘管明治初期的民間風俗傳承了江戶時代一般市民日常生活的特色與世態，但由於明治維新的社會堅持追求模仿西洋模式的文明，故上自國家制度，下至民間風俗習慣，都發生了急速變化。明治時代的日本人認為：「近代化就等於西洋化」，西洋化因此成為明治政府維新國家的一貫課題。明治維新反覆強調的「文明開化」，就是為了改造封建社會遺留的風俗世態，要把長期封閉的島國社會那些「民」的風俗，改造成具西洋特色的文明世態。[5]

日本雖然不斷學習外來文化，但是在這段轉變過程中，也同時尋找自我的國家認同。明治維新是日本人從未經歷過的社會革命，來自先進各國的壓力更讓日本一脫長期鎖國的狀態，開始接觸先進的歐美文明和文化。雙方接觸的結果，便是日本人開始意識到自我與「他者」的不同。[6]雖然學習外來文化是以不改變現狀為前提，但也透過學習與模仿的方式，塑造了另一種迥異於江戶時期的日本化風格，藉以突顯與異文化母國不同的國家風情。尤其在棒球這項運動上，特別明顯。如一八九〇年發生在棒球場中的「伊布里事件」，就涉及棒球與國家的關聯，外國勢力的壓迫激發了日本的民族情緒。接著一八九六年，日本棒球隊與美國棒球隊在首次的國際交流賽中，由日本獲得空前的勝利，不僅掃除國際上的醜態，同時也展現出日本不遜於歐美列強的實力。棒球，自此有著形塑日本國家認同與表現國家強盛的象徵。[7]

最初以學習心態接納棒球的日本，後來也賦予棒球其他功用，例如社會教化、本書著重的國際交流，甚至是在後來對外殖民過程中所形成的一種塑造現代性的工具，而這也變相地強化了殖民主義在其殖民地的文化影響，最顯著的例子就是臺灣與韓國。不過這種方式倒不是日本首開先例，最初將棒球視為擴張工具的國家，反而是美國。運動本身可用來強化對殖民地的支配，就像英國硬將自己發展的運動如板球、橄欖球等，加諸於共組大英帝國的國家上，西方國家也一直強迫非洲和中南美洲國家參與其運動競賽，以成為國際體壇的一部分。[8]最早在美國建國初期的運動中，是以板球為主流，但美國為了徹底切斷和英國「殖民與被殖民」的關係，而將板球改成現在所謂的棒球，並致力於美國本土境內推廣。此後，棒球成為美國對外擴張的工具，在美軍所能到達之處，都能見到棒球的身影。棒球就和當初的板球一樣，可視作帝國主義的體現。因為這些運動只在英國的軍隊，或者美軍曾經駐紮過的地方才流行開來。[9]

筆者撰寫本書的靈感來源，很大程度深受池井優（Ikei Masaru, 1935-）《白球太平洋を渡る：日米野球交流史》（一九七六）一書的影響。池井氏在歷史學專業領域上主攻國際外交史，而《白球》一書是作者嘗試以外交、國際關係角度，說明日本棒球的發展不僅只是大眾娛樂，同時也能作為民間外交手段的一種。而回顧日本職業棒球從成立到後來的兩聯盟體制，確實也存在著濃厚的美國因素。日美雙方透過棒球文化作為交流媒介，無形中也加深日本對美國的棒球依賴，日本好似存在於美國的陰影之下，視美國為首要學習的對象，同時也將其作為最首要的敵手。此種心態可說與開國後的日本歷史發展息息相關、環環相扣，而在戰爭前後最為顯著。

本書係以筆者碩士論文修改而成，並且在這次出版過程中修正論文諸多錯誤之處。在資料使用上儘可能蒐集臺灣所藏有關日本棒球史的資源，並且參閱近來如山室寬之、Robert K. Fitts、Sayuri Guthrie-Shimizu等日美棒球史學者的研究成果，在撰寫上不敢掠美。雖說如此，但相信仍有諸多資訊被筆者所遺漏，在這點上只能說聲抱歉。

作為一位棒球愛好者，此書可視作筆者在研究棒球史階段上的一個心得抒發，如文中所述有錯誤或不善的地方，還望讀者見諒。同時也期望對歷史以及棒球史研究的專家、先進、同好與讀者，能給予拙作批評與指點。

最後，要簡略說明本書在行文所使用的些許專有名詞。譬如「野球」一詞，是日本所發明出來的「和製漢語」。為突顯此一名詞的重要性，是故在本書自第二章以後所提到的日本棒球，一律以「野球」稱呼，用以區分日本以外的「棒球」。但如果是說明日美交流或者是在比較的情況下，則以「棒球」統一表示；另外文中也會出現「滿洲」一詞。日文漢字書寫是「滿洲」，不過在書中一律以中文翻譯的「滿洲」一詞，避免讀者混淆。

本章註

1 Ruth Benedict著、陸徵譯，《菊花與劍：日本文化的雙重性》（新北市：遠足文化出版社，二〇一二年），頁三十五。

2 南博著、邱琡雯譯，《日本人論》（台北縣：立緒文化出版社，二〇〇三年），頁九。

3 鶴見和子著，《好奇心と日本人》（東京都：講談社，昭和四十七年〔一九七二〕），頁七－三十九。

4 鶴見俊輔著、邱振瑞譯，《戰爭時期日本精神史（一九三一－一九四五）》（台北：行人出版社，二〇〇八年)），頁三十四。

5 宗澤亞著，《明治維新的國度》（香港：商務印書館，二〇一四年），頁四三八。

6 南博著、邱琡雯譯，《日本人論》，頁十三。

7 有山輝雄著，《甲子園野球と日本人：メディアのつくったイベント》（東京都：吉川弘文館，一九九七年），頁二十九。

8 Howard L. Nixon II, James H. Frey著、王宗吉等譯，《運動社會學》（臺北市：洪葉文化，二〇〇〇年），頁四一八。

9 Eric J. Hobsbawm著、吳莉君譯，《霍布斯邦看二一世紀：全球化，民主與恐怖主義》（臺北：麥田，二〇〇八年），頁七十四。

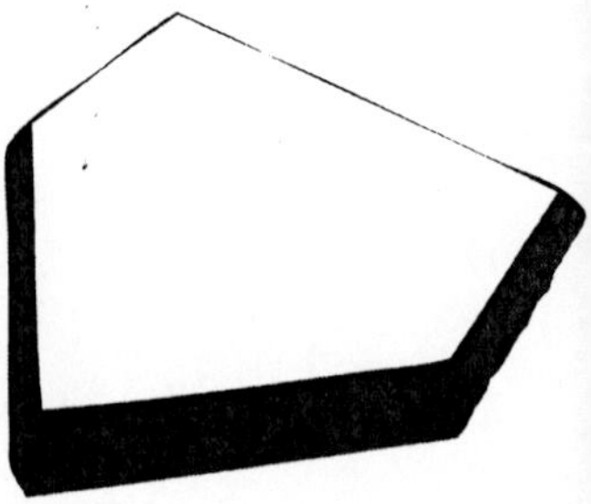

十九世紀中葉的日本面臨了國家歷史上最重大的轉變期。在此之前，他們崇拜有著古老文化的中國；然而到了日本嘉永六年（一八五三年），四艘來自太平洋另一岸的「黑船」（Black Ship），敲開日本國家的大門，進而結束江戶幕府近兩個世紀又三十年的鎖國時代。這四艘「黑船」的主人—美國，在強迫日本對外開港後，使得其他外國勢力也大舉進入這座東亞小島，其中的美、英、俄、法等國，皆是當時世界首屈一指的強國，他們夾帶其強勢的文明進入到日本。日本在這波衝擊下，不得不面臨「異文化」的衝擊，當中尤屬美國對日本的影響最為明顯，也最為深遠。

歐美列強（the Great Powers）攜帶船堅炮利的文明外衣進入日本的同時，也打開日本知識份子的視野。日後這群深受歐美文化薰陶的志士，深深以為日本唯有學習歐美列強的文化，才能與之抗衡，甚至走向世界強權，躋身所謂「文明」國家的行列。一八六八年明治維新後，日本知識份子認同的歐美文化，就被視為「文明」的象

徵，擴散至日本國內每一個角落。

當此「文明開化」之時，遠在美國逐漸盛行的「棒球」運動也在明治維新後，悄悄地來到日本。經由日本政府聘請的外國教師的教導，日本開始出現棒球球蹤。或許是處在日本一腦兒學習西方「文明」的風潮中，棒球在明治初期傳入日本時並未受到過多阻礙。同一時期，留美學生歸國，對於在美國接觸的棒球文化深感認同，也持續在國內傳播棒球運動，更使棒球在日本逐漸發光發熱。

一顆小白球，就在動盪的十九世紀，遠從美國，橫渡整個太平洋，來到亞洲。它反映的不僅是一項運動的擴散，更連結了兩個歷史背景迴異的國度，具體而微的呈現出日美兩國難以分割的歷史情結。

第一章——橫渡太平洋的白球

日本棒球發展的黎明期

歷史的轉折——開國

棒球自美國橫越太平洋進入日本，成為大眾娛樂，並且成立職業棒球聯盟，這段過程與日本的歷史發展存在著不可忽視的關聯。作為歐美近代運動代表之一的棒球，透過美國教師之手，遠渡重洋來到日本，這個契機發生在十九世紀中葉。

當時新興的海上強權美國，搭乘著經過工業革命後的巨型船艦，由海軍提督培里（Matthew Calbraith Perry, 1794-1858）領軍，為傳達當時的美國總統米勒德・菲爾莫爾（Millard Fillmore, 1800-1874）的命令，先從大西洋開始航行，後經印度洋，最後到達日本。在毫無預警下，強行進入靠近江戶的內海，迫使日本結束長達百年的鎖國。美國的黑色船艦震驚了日本人，最後日本也因美國「船堅炮利」的逼迫，最終放棄了固有的「鎖國」政策，打開國門。其結果，是日本也成為繼當時中國之後，歐美列強在亞洲的嘴上肉之一。而這起美國打開日本門戶的事件，便是日本歷史上非常著名的「黑船來航」（日文：黑船来航，Kurofune raiko）。[1]

「黑船來航」發生於一八五三年，時為日本嘉永六年。七月八日（陽曆）這一天午後，在江戶灣內，出現四艘有著龐大黑影的巨型船艦。這四艘船艦在船型上，顯然超出當時居住在本土的日本人的預期。灣岸邊城鎮居民議論紛紛，儘管先前有著不少對「異國」船隻的想像，但像這次所見披著黑色外型的大型船艦，還是頭一次。當中最大的一艘黑船，長度可達到兩百五十七公尺，從遠處看來，就像一座移動的小島，令人無法置信。這已經超過當時日本人可以理解的船隻大小，而在這肉眼可見的距離下，親見這種前所未見的景象，比過去口耳流傳所聽到的更讓人惶恐。當時守在日本岸邊的奉行（日本幕府時期的一種軍職），立刻率領眾多防衛小船，衝向那四艘未知的「黑船」，並派人火速通知幕府這意外的訪客的到來。

實際上，早在「黑船」到來前，日本鎖國期間一直有著貿易關係的荷蘭，就曾警告過日本的最高統治機構——德川幕府（Tokugawa Bakufu, 1603-1867），[2]即將會有其他外國船艦降臨日本。而且這些國家並不會、也不打算像荷蘭一樣，保持現狀與日本交流；而可能憑藉武力，強行要求與幕府通商，甚至開國，幕府應該及早作出對策。[3]只是當時幕府似乎未能即時反應，尚未理解十九世紀大劇變的浪潮，已經悄悄向東亞襲來，很快地，德川幕府便得面臨創立以來「兩百年所沒有的大騷動」。

從「鎖國」到「開國」

德川幕府於十七世紀初成立時，就定下一連串的「鎖國政策」，例如禁教，限制外國商船的進入，試圖斷絕與海外國家的一切關係。不過雖然稱為「鎖國」，幕府仍舊有一段長時間，開放九州長崎（Nagasaki），作為與外國交流的唯一窗口。當時僅有少數國家能與日本交流，如荷蘭、中國等。但要特別注意，日本並非真的「只」開放少數國家上岸。除了因宗教關係產生糾紛而絕對禁止的葡萄牙、西班牙，以及與前兩國有親緣關係的英國之外，基本上，如果有鄰近國家如安南、柬埔寨等貿易船隻需要停靠，日本也會允許靠岸，至少到十八世紀末還是如此。[4]然而到了十九世紀初期，隨著工業革命的進展，蒸汽動力船受到廣泛運用，歐美興起海權擴張的風潮，遠在地球對面的亞洲已無法置身事外。經過工業革命洗禮後，國力大增的歐美各國，為了建立龐大的經濟體系，積極朝海外尋找貿易市場，亞洲——尤其中國，便成為他們看準的目標。[5]在「黑船來航」的十多年前，過去一向受日本敬重、且是重要文化傳播國的中國，便已先遭遇歐美列強的軍事挑戰。

西元一八三九年，中國與工業革命的發源地英國，爆發了兩國史上首次大型軍事衝突——「鴉片戰爭」（The Opium War），這場戰爭打下來，英國獲得全面勝利。英國也迫使清朝簽下十九世紀中國對外第一個不平等條約——《南京條約》。[6]中國敗戰的消息迅速傳遍海內外。歐美各國紛紛率領艦隊前往東亞，企圖打開這個東方的大市場。這些歐美國家以英國、法國、美國為主，後來包括了瑞典、挪威、荷蘭、西班牙、普魯士與丹麥，都在中英簽定《南京條約》後的十年間，與中國簽訂了類似的條約。觀看之後的歷史發展，可以大致瞭解：對英國而言，他們首先打開中國這個亞洲最大的市場，同時也消滅大清帝國過往的天朝強盛的表象。英國的成功，讓後來的歐美他國紛紛仿效，藉由武力脅迫中國，從而達到海外擴張的目的；而對中國來說，則是被迫開啟往後長達一百年的苦難，國家主體性與文化都面臨劇變與挑戰；[7]至於東亞，則成為歐美列強大規模殖民擴張的場域，進入由西方主導的新時代。[8]

作為唯一與日本往來的歐洲國家，荷蘭國王便是在看到中國慘遭列強不平等對待下，提筆寫了一封信給德川幕府將軍，說明當時的世界局勢。信中指出，自蒸汽輪船發明後，各洲之間可說已無大海的阻隔，海洋這般天然疆界無法再給予保護。如果幕府不願重蹈中國在鴉片戰爭的失敗，就不能再以鎖國的方式拒絕外國通商貿易。只可惜幕府仍未意識到問題的嚴重性，依然堅信兩個世紀以來傳承的「祖法」不容許更改。[9]

而當列強紛紛將手伸入中國時，卻有一個國家意外地將目標對準中國身旁的小國日本，這便是半世紀以前才從英國獨立出來的美國。這是日本始料未及的。因為在培里尚未率領船艦來到日本以前，日美在國際間很少接觸。尤其一八五〇年以前，美國對於「遠東」的關注，可說是毫不在意，僅對於中國存有好奇。[10]因此，為何培里會將艦隊行駛至日本，也就成了美國與東亞關係的重要課題。除了美國，十九世紀的俄國和英國也對日本感到興趣，但在日本開國前，他們並未與日本有著具體上的接觸。

以俄國而言，一七九二年，俄國的拉克斯曼（Adam K. Laksman, 1766-1806）與一八〇四年雷薩洛夫（Nikolai P. Rezanov, 1764-1807）這兩位船長的船隊，就曾分別抵達根室（Nemuroshi）與長崎，要求與日本通商，但都被拒於門外，兩國關係一度非常緊張。不過當一八一二年拿破崙（Napoléon Bonaparte, 1769-1821）遠征莫斯科時，俄國為了集中心力對抗拿破崙，放棄爭取與日本通商，日俄雙方也因此直到克里米亞戰爭（The Crimean War, 1854-1856）結束時，都未有接觸。[11]

英國方面，自一八二〇年代起，英國船隻也時常出沒日本外海，一則是尋求旅途中的糧食補給，二則是嘗試與德川幕府交流。然而也遇到與俄國同樣的命運，遭到日方的反對甚至武力驅逐。由於不斷受到外部侵擾，一八二五年，幕府進而決定實行「異國船驅逐令」，[12]斷絕與外面世界的關係。此後的一八三〇、一八四〇年代間，正逢鴉片戰爭結束，英國對於遠東的關注全面轉向中國，也意不在日本。

至於最後迫使日本開國的美國，之所以開始對亞洲（尤其是太平洋彼岸）感到好奇，很大因素是來自一八二〇年代。當時美國國內的捕鯨事業蒸蒸日上，加上造船技術不斷精進，美國的海上事業因此得以擴展，進而探尋到鄰近日本的這個優良天然漁場。[13]在最佳捕魚季追著大群抹香鯨群來到日本外海的美國船隻，當然希望能夠多停留在此處，但糧食攜帶有限，美國船員認為日本能提供淡水、糧食以及船隻的避難所。[14]然而，事後證明這是美方一廂情願的想法。一八二四年（日本文政七年），曾有美國船員上岸尋求糧食補給，而日本村民起初也好心的贈送食物，不過後來卻趁著船員不注意，將他們全數捕獲。[15]可見當時日本國內除了開放的對外港口，其他地區的百姓仍無法接受這些「異國人」。

爾後隨著外國船隻頻繁出現在日本外海，加上得知中國在鴉片戰爭中戰敗，日本終於驚覺外國勢力恐以武力迫使開國，且這威脅已迫在眉睫。雖然日本國內持續存在「鎖國」的聲浪（意即強化海防並嚴格施行「異國船驅逐令」），但不少反對者以為，這種做法已無法因應新時代，如果還是堅持透過武力防範外國船隻，極可能淪為與中國同樣的下場。於是「鎖國」與「開國」兩造強烈爭論，直到黑船與美國使者到來的那一天。[16]

一八五三年，日本最擔心害怕的狀況終究還是來了。美國日本遠征隊的司令官培里，攜帶著遠征前夕，時任美國總統菲爾莫爾給予日本統治者的國書，繞過大西洋與印度洋，抵達日本島南方的琉球與小笠原島。在這裡，培里與他的船員並未受到任何阻擾，透過島上一位英國傳教士的翻譯，成功與琉球官員交談，獲得琉球王國攝政的熱烈歡迎。這意外的結果，似乎也加深培里促成日本開國的決心。[17]

隔沒多久，七月八號這天，培里不顧日本政府要求外國船隻只能在長崎登岸的規定，直接將他的「黑船」艦隊駛入江戶港。當時守在浦賀的守備隊，也即刻搭乘小船前去阻攔。不過雙方並未發生衝突。當時幕府老中（日本幕府時代的官名，負責統領全國政務）阿部正弘（Abe Masahiro, 1819-1857）因事先得到荷蘭的報告書，預料到美國使節會在近期「訪問」日本，因此與幕府大臣商量後，還是通知浦賀奉行，擬在浦賀先接受美國國書，再商量因應對策。於是浦賀奉行便在浦賀港附近的久里濱，接見培里一行人，接受美國國書。培里施壓日本代表，表達若日方依然「固執」己見，不願接受美國要求，美國將採取必要手段，以「非和平」的方式處理外交事宜。[18]雙方協商十二天後，培里將船艦駛離江戶灣，返回美國。[19]

7月14日，美國海軍提督培里率領的探險隊在日本登陸。

據圖片提供者貝爾德·泰勒（1825-1878）的描述：「護衛海軍提督的軍官們從碼頭排成兩列，當他從中間經過時，身後秩序井然。按照慣例，他受到隆重的接待，遊行隊伍立即出發前往接待處。一位健壯的水手被選為旗手，在兩名全副武裝、高壯的黑人水手支持下，扛著提督的大旗。緊隨其後的是兩個水手，他們華麗的箱子中裝著美國總統和船長的信，箱子用鮮紅色的布包裹著。海軍陸戰隊由Gillin少校率領，由Slack船長率領一支來自「密西西比河」號的分遣隊領著路，所有水手都跟隨在後。

圖片來源：Hatch & Severyn, Lithographer, Bayard Taylor, and Charles Severyn. *The American expedition, under Commodore Perry, landing in Japan,/ Lith. & print by Hatch & Severyn, 140 Fulton St. N.Y.; Severyn del.* Japan, 1853. [New York: George S. Appleton] Photograph. https://www.loc.gov/item/2014647410/.

日本版畫，從右至左可能分別是：指揮官阿南（站姿，54歲）、培里（坐姿，49歲）、亨利・亞當斯船長（站姿，59歲）。

圖片來源：*Gasshukoku Suishi Teitoku Kōjōgaki.* Japan, None. [Between 1850 and 1900] Photograph. https://www.loc.gov/item/2002700122/. (Perry, Matthew Calbraith,-1794-1858-Journeys—Japan)

在這次日美協商中，兩國交涉的語言主要是「荷蘭語」。因為鎖國期間，日本唯一接觸的西方國家就是荷蘭，所以當培里一行人跟日本人交談時，日方能使用的外國語言只有荷蘭文。然而當隔年培里再度來到日本，雙方已改用英文交流。隨著日本開港後，許多明治維新的健將與知識份子，也都開始學習英文，而放棄原本學習的荷蘭文。像是日本近代思想的啟蒙大師福澤諭吉（Fukuzawa Yukichi, 1835-1901），在其自傳中就曾回憶：

> 我當時已經知道世界上最通行的語言是英語，所以我在橫濱聽到的語言一定是英語。現在我國正締結條約，逐漸開放門戶。因此，以後一定要學習英語。作為一位西洋學者，若是不知英語是行不通的。從橫濱回來的第二天，我就下定決心要學英語。[20]

培里強行開港後，很快地，其它外國勢力相繼進入日本。各種新語言也成為日人學習的目標，當然，英語是其中的主流。而在學習語言的過程中，日本人也對外國傳入的新「文明」感到好奇，只要是過去沒見過的事物，都能立即受到關注。

「黑船事件」表面上像是一個偶發事件，然而以世界史的角度而論，這與十九世紀的帝國主義擴張密不可分。歐美列強對東亞的衝擊，並非東亞國家的意志所能決定；日本開國，也只是遲早的事。開國後，不僅讓日本轉向走上「明治維新」這條路，也無形中鋪就了日本日後對歐美文化堅定信仰的心理背景。[21]

「條約體制」的成形

如前所述，美國以武力敲開日本國門，要求日本放棄「鎖國」的祖宗家法，這是日本首次受到外國勢力威脅。在此之前儘管仍有外國勢力在日本海岸線附近出沒，但基本上不會造成威脅。翻閱史冊，只有在中國元朝（當時日本統治者為鎌倉幕府），曾有兩次對日本發動侵略戰爭，所幸日本得「神風」之助，才倖免於難，沒有造成重大傷害。[22]此後從室町幕府到德川幕府，日本國民從上到下，都欠缺危機意識。因此「黑船事件」的發生，很快就震驚全國。

培里突然「造訪」並要求「簽約」，雖然被幕府以「浦賀非對外交涉地點，故不予回答。希望（你們）盡早離去」而婉拒；培里自己也知道，當下要求日本開國並不可能，不過他仍舊「警告」幕府必須對其交付的國書給予回應，並且預告明年將率領更多船艦再度到來。

隔年，培里「實現」他的諾言，再次率領艦隊來到江戶灣附近，只是這次不是美國自行駛入，而是由幕府親自引導進入談判地。日方明白這次美方前來必定會完成目標，否則不會罷休；因此去年培里離開後，老中阿部正弘，除了報告朝廷，同時也將美國帶來的國書翻譯成日文，徵詢各地諸侯（也就是「大名」）的意見。從這一點看來，此刻的德川幕府，已然無法單獨處理此刻的危機。過去，幕府能獨斷而行，既不必理會朝廷，更不會與諸侯商量。如今幕府選擇向各地諸侯求援，已顯示幕府無法單憑己力獨自面對外國的威脅。日後局勢更演變成「攘夷派」與「開國派」兩大對立勢力的激烈衝突，進而釀成由薩摩與長州兩藩所主導的「倒幕」運動。

至於美國二度逼迫的結果，則是日本終究只能依照要求，簽訂日美和親條約，也就是《神奈川條約》（*The Treaty of Kanagawa*）。其主要內容是確保日美兩國未來的和平發展、供給美國船隻所需燃料與糧食、救助美國落難船隻與船員、增開伊豆半島下田（Shimoda）與北海道箱館（Hakodate）兩個港口等，不過最重要地，還是給予美國人在日本境內享有領事裁判權、治外法權，以及最惠國待遇。[23]日美簽約的消息一傳出，英國、俄國，甚至是一向與日本友好的荷蘭，紛紛效法美國，與日本簽訂各種協定、條約。於是，當初由德川幕府制訂的「鎖國」體制，徹底瓦解。這可說是自美國起，外國勢力在日本非正式殖民控制之濫觴。

「文明」的開化與衝突

江戶末期至明治初期，日本政府在政治、經濟、軍事、文化上，進行一系列革命性的改革。這場改變日本人命運的劃時代變革，被稱作「明治維新」（Meiji Ishin, Meiji Restoration），亦稱「御一新」。維新後的日本，成為東亞第一個具有西洋特色國民國家體制的近代國家。[24]

明治維新的成功，使日本從過去東亞的依附國，一躍成為與歐美列強並列的世界強權。明治維新對日本的重大影響，除了將原本的政治實權從幕府手中移轉回給天皇，另一個最明顯的變化，就是使日本成為一個「近代化」國家。

除了政治上的轉型，明治維新後，日本人的文化認同也有兩個很大的變化：一是從原本推崇中國文化，轉向為崇拜歐美文化；二是在接受歐美異國文化之後，重新思索如何與日本故有的「傳統」文化調適、對話。

「明治維新」

日本與美國簽訂《神奈川條約》後，雖然身陷歐美列強逼迫的「條約體制」內，但並未淪為「實質」的殖民地，反而在這股潮流中，藉由「明治維新」的成功，徹底改變國家面貌，晉身為亞洲強權、世界列強。

十九世紀世界上國際強權的變化，可說是工業化與全球均勢的變遷。[25]早在英國率先開啟中國大門時，日本就感到非常訝異：原本日本所崇拜的文明大國，卻輸給來自歐洲的小國。而當美國黑船來臨，日本更親身體會到與歐美列強之間的實力差距，歐美挾帶的「近代化」（或者說「文明化」）力量，勢必滲透整個亞洲。面對列強強行開國，日本自然無法置身事外。唯有國家根本上的改變，才有可能擺脫國際上的「不平等」對待，躋身「文明」之國。

一八六八年，經歷「王政復古」、「大政奉還」後成立的明治政府，是以年輕且具有宏大願景的明治天皇為領導，展開對國家的改造。在其主政下，力圖改革政治、經濟、社會、文教與國防，讓國家安全繁榮，使日本成為可與歐美列強並駕齊驅的近代化國家。[26]

整個維新運動的變革，反轉過去長達近七百年的幕府體制。[27]在「大政奉還」下，德川幕府將政治實權交還給新即位的明治天皇，並且在政體上，仿效歐美國家「立憲君主」（學習英國），使天皇成為國家真正的元首。再者，雖然明治政府初期已經組建中央政府，但在地方上，卻還是由大名治理，國家政府的力量仍無法有效深入國土的各個角落。所幸隔年（明治二年），領導幕末革命的薩摩及長州等四藩，聯手優先進行「版籍奉還」，將土地與人民歸還國家；[28]同年六月，其他各藩隨之響應。最後，明治政府於一八七一年（明治四年）進行「廢藩置縣」，將全國分為府、縣二級行政單位，由中央任命行政長官，如此一來，才使日本具備現代國家的政治形態。[29]

除了政體的變革，積極探索世界知識，也成為明治政府成立後的重要目標。如同明治元年頒布的〈五箇條誓文〉所載：「求知識於世界，大振皇基」。[30]明治維新以前，對於外來的知識，是採取「被動」與「選擇性」的；到了新政府，則需要積極「主動」與「開放性」學習。其中一個具代表性的例子，就是一八七一年（明治四年）時任新政府右大臣的岩倉具視（Iwakura Tomomi, 1825-1883）所帶領的「岩倉使節團」，遠赴世界各地，針對他們認為的西方文明國度，進行考察與學習。[31]

岩倉使節團

明治四年至明治六年間，日本政府派至歐美訪察的使節團，正使為岩倉具視，由政府官員、留學生等約一百多人組成。

遊歷了西方文明國家的建設後，使節團深刻感受到日本與歐美的差異。同時，他們也體會到十九世紀七〇年代的國際政治就是「弱肉強食」，要想成為國際上的「大國」或「小國」，就必須認真思考什麼值得學習、什麼必須捨棄。這群以明治政府名義出使的使節，他們所帶回來的訊息以及對歐美文化上的認知，就成為明治政府對外面世界的「想像」（Imagination）；而明治政府得到的啟示則是：一，更加堅定對於歐美文明的信仰；二，亞洲仍屬「未開化」的階段，而東南亞一帶，則屬「野蠻」；三，日本如果要文明開化，一定要「脫亞」，並且進一步「入歐」。[32]

除了岩倉使節團，當時也有許多曾經造訪歐美或曾在海外求學的日本人，都對歐美社會的文化或器物有所憧憬，以致於他們回到日本後，都抱定決心，致力於傳播所謂的西方「文明」，試圖讓日本從「半野蠻」狀態邁向「文明」之國。不過他們所謂的文明，是如同自由貿易、社會達爾文主義等的文明。[33]或許是因為接受到這樣的文明認知，是故在一八七〇年起，國內就不斷出現對外擴張的言論，最後甚至直接對外侵略。明治維新的成功，一方面提升日本的國家自信心，但也因為嚮往西方文明，期望在國際上平起平坐，終使他們效法歐美，走向帝國主義的道路。

從「和魂漢才」轉向「和魂洋才」

明治維新前的日本，文化的學習與模仿對象是中國。自七世紀中葉的「大化革新」（Taika no Kaishin, A.D. 645）直到培里叩關前，中國文化都深深影響日本社會。但在日本開國後至明治維新前的這段時間，歐美文化隨著開港通商大舉進入日本本土，迫使日本國內面臨一連串文化理念上的衝突。不論是七世紀的「大化革新」還是十九世紀的「明治維新」，都是日本對外國文化的大規模學習與仿效，然而不同的是，日本在前者的立場是相較被動的，在後者則是積極參與。[34]

但在積極「西化」過程中，日本也出現一種現象。那就是原本日本特有的「精神」受到西方文明的震懾，一時之間恐被摒棄。然而，就像中國受到鴉片戰爭與英法聯軍衝擊一樣，中國雖崇尚歐美外顯的「船堅炮利」，卻對其內在的精神不予認同，故有清末知識份子提出的「中體西用論」，主張中學為體，西學為用。（不過此說因受傳統知識份子反對，且當時的中國也誤解西方知識的精神內涵，故最後以失敗收場。）[35]日本開國後雖然也面臨同樣的問題，但是結果卻大不相同。

日本的作法一般稱作「和魂洋才」（Wakonyousai）。「和魂」，指的是日本內在精神涵養，而「洋才」則是指西洋的學問、知識（注意：並非器物）。其內容就是要將兩個不同的文化價值體系，強制接合在一起，產生新的行為。西方文化有它出現的背景及思想體系，如果在不知道思想根源的情況下，強行灌輸於日本人身上，必然有所衝突。日本人學習西方知識時，看到優越的文化而有「憧憬」之情，自然容易否定自身。然而歐美文化不斷傳入，一方面既受到這些異文化的「差異性」反彈，另一方面也受自身傳統文化的「柵欄」所阻隔，於是折衷方式便是將日本故有的精神融入於西方的學問。[36]此方式可說是「因地制宜」，將文化差異降到最低，同時又把西洋知識體系轉化為適合日本國內的價值觀。

日本學者認為，十九世紀中葉培里叩關是日本真正脫離中國，將目光逐漸轉向世界的起點。其後明治維新一系列積極學習歐美文化、關注「洋才」的過程，逐漸與親近中國文化的「漢才」思想分道揚鑣。也因為日本這波「和魂洋才」的風潮，較之中國的「中體西用論」有過之而無不及[37]，當時的日本比中國更能明瞭西方文化的價值，並予以善用，進而在十九世紀末，成為列強注目的新興國家。

明治維新中，可作為「和魂洋才」的代表性具體體現之一，就是本書要談的棒球。尤其從棒球（Baseball）自明治初期以一種「外來物」傳入，再到後來被形塑成「野球」的過程，不難看出日本熱衷於外來物的同時，也帶有對自身精神文化的反思。

明治時期的日本棒球發展

隨著明治維新後的「近代化」建設，日本的國家發展明顯轉變。在歐美衝擊下，日本開始質疑固有文化，並且崇拜西方，只要是從歐美傳入的文化，都被視為「文明」的象徵。全國朝野興起「破壞舊物、輸入西洋文明」的思潮與行動，棒球這種正在美國流行的現代運動，便伴隨著這股崇拜西方文明的時代思潮進入日本。[38]

目前一般咸認棒球是在一八七二年從美國傳入到日本。常見說法是由一位開成中學（東京大學前身）聘僱的美國教師威爾森（Horace Wilson, 1843-1927）引進。在日本人自己開始推廣棒球之前，棒球多是藉由外國教師在學校裡面教授「遊戲」而傳播。而當時這些外國教師所待的學校，在日後都成為日本的重點指標大學，例如東京大學。從這一層面來看，棒球運動在日本的發展，是從學校開始，也是菁英階層的文化，並非一般大眾所能輕易接觸。直到後來，自美國留學回來的平岡熙（Hiraoka Hiroshi, 1856-1934，第一個在日本推廣棒球的日本人）憑藉著留學期間接觸到的棒球技藝，開始在日本本土撒下棒球的種子，棒球在日本發展的推手，才由外國教師移轉到日本人。

遠渡重洋來到日本的「ベースボール」

明治初期，日本為了成功且正確的「西化」，對外招聘許多外國人（主要是教育者、科學技術人員等），他們的任務是傳授相關知識，讓日本能在國家建設、軍隊、教育等領域朝向「近代化」的目標，體育運動也屬其中一項，因而有了全新的發展。[39]然而，這些進入日本的西洋體育活動，卻多少與江戶時代固有的身體文化——武士道精神有所衝突，產生不少緊張關係，改變了近代日本體育。[40]

棒球，作為美國近代的重要運動，其歷史最早可追溯到十九世紀，原本是從英國的板球（Cricket）演變而來。現代棒球的起源，一般常見的說法，源自一八三九年的紐約州古柏鎮（Cooperstown），由一位陸軍士官學校出身的將軍岱博壘（Abner Doubleday, 1819-1893）發明。[41]距離棒球透過美國教師引進日本，已是大約三十年前的事。

如前文所說，明治維新後，美國來的教師將棒球帶到日本，但他們原本只是讓學生課堂餘閒打打棒球作為休閒活動，並非有意識的要在日本推廣棒球運動。真正讓日本人接觸到有系統的棒球，必須要到一八七六年（明治九年），留學美國的平岡熙回到日本後，將他在波士頓（Boston）學習到的「全新」棒球技術與知識，引進日本。

作為「明治維新」洗禮下的新青年，當時年僅不到十六歲的平岡熙，在一八七一年（明治四年）前往美國波士頓留學，學習鐵道技術。而他去的時機與地點就這麼剛好，在這一年，美國棒球創立屬於他們的第一個職業棒球聯盟——全國職業棒球人協會（National Association of Professional Baseball Players）。[42]雖然這個聯盟只存在不到五年光景，不過在平岡熙居住的波士頓地區球隊紅長襪隊（Boston Red Stockings, 1871-1875，後來成為現今美國職棒大聯盟的亞特蘭大勇士隊），卻在短短五年內，連續四年贏得冠軍，身在波士頓的平岡熙可說與有榮焉。在這種因緣巧合下，他對棒球產生由衷的熱情，回國後便將他在美國習得的新的棒球技術與觀念傳授給日本國民。[43]明治初期在日本的美國教師，僅將棒球視作一種西洋的新式運動，但平岡熙的想法則有別於他們。平岡熙希望透過固定的球衣、練球方式與練球場地，建立出如同美國職業球隊一樣的日本棒球隊。為了完成這個夢想，他與新橋鐵道部的同事合作，一同創立日本史上第一支棒球隊——「新橋運動家俱樂部」（新橋アスレチック倶楽部，Shinbashi Athletic Club）。這支球隊的創立，也代表日本的棒球發展邁入一個全新的里程。

然而，平岡熙與新橋俱樂部的新式棒球並未立即傳播到社會上，只在學生及公部門中流行。以學生族群來說，外國教士所在的學校，學生較可能接觸到棒球，且他們可透過一般體育課程學習；同時也因為對其它戶外的球類不甚瞭解，棒球得以成為這些學生的「最佳娛樂」。至於另一個群體的社會人士，則多是明治維新後曾留學歐美的「菁英階層」，他們受到政府上位者的影響而積極吸收歐美文化。此時的棒球在這些富裕家庭的子弟或學生族群間，是一種追求快樂的「時髦」（ハイカラ，High Collar）遊戲。[44]

除此之外，一般人不太有機會接觸棒球，加上所需器材較為昂貴、場地稀少等諸多原因，棒球初始只是少數人的休閒娛樂。直到十九世紀末，第一高等學校（一高）棒球隊打出成績、官方也設立高等教育機構系統化教導，棒球才從「遊戲」（Game）轉變成「運動」（Sport），逐漸普及化[45]，日後更被進一步形塑為展現國族認同的象徵。

創造「武士道精神」的一高棒球隊

在平岡熙所創新橋運動家俱樂部的帶頭下，一八八〇年到一八九〇年間，其他棒球俱樂部陸續創立，同時許多知名大學，如駒場農學校、明治學院、慶應義塾等，也都在這十年間成立學校的棒球隊，開始日本棒球界發展初期的「群雄割據」時代。[46]然而一八九〇年代後，棒球圈從「群雄割據」立刻變成「一枝獨秀」，而這支吸引全日本目光的球隊，便是一高棒球隊。一高棒球隊對日本棒球發展的重要性，主要在於它帶動了日本棒球兩個層面的轉型：一是使棒球這項運動轉型成具有「日本式」的球風，也就是「和魂洋才」的體現；二則是將棒球與國家聯結，成為國際上代表日本的象徵。

一高最早是一所東京的英語學校，後來在一八七七年（明治十年）改為東京大學預備門（專門培養進入東大的學生），而在一八八六年（明治十九年）改名為第一高等中學校，也是在這年，成立他們的棒球部門。[47]一高棒球部能夠成立，一說是與學校聘請的外國教師斯特蘭奇（F. W. Strange, 1853-1889）有關。當時斯特蘭奇身為東京大學預備門的老師，並在課餘之時撰寫*Outdoor Games*一書，於一八八三年付梓出版。這本書主要介紹由國外傳入到日本的運動，用以幫助學生強健體魄，養成良好生活習慣，當中便介紹了棒球。因此有研究認為，一高棒球部的成立是受到他的影響。[48]而一高棒球隊往後的發展所以受到關注，緣於三個關鍵因素：一是外國教師伊布里事件（日文：インブリー事件；英文：Imbrie Affair）；二是擊敗橫濱的外國人棒球隊；三是原本外語「ベースボール」被譯作合乎日本棒球精神的和製漢語——「野球」。[49]這三個因素讓一高棒球隊，即日本棒球，首次與美國棒球分道揚鑣，促成日本棒球走向具有「和魂」風格的運動。

伊布里事件

伊布里事件發生在一八九〇年（明治二十三年）五月十七日的一場球賽中。這場球賽是一高棒球隊在主場對上強敵明治學院的白金俱樂部（以下簡稱明治學院），事件當事人伊布里（William Imbrie, 1845-1928）則是任職於明治學院的外國教師。整起事件發生在比賽第六局，一高以六分差距落後明治學院，為數大量的一高支持者為其加油吶喊，而剛結束柔道大會的一高柔道部成員也到球場聲援。不過因為剛結束大會賽事，柔道部隊員的情緒正激昂，此時正好明治學院的外國教師伊布里晚到場，他為了更近距離觀看比賽，不顧「非比賽人員禁止進入場內」的規定，直接進入球場。這突如其來的舉動，使得場邊的一高加油團心生不滿，與伊布里起了衝突。過程中，有柔道部成員丟擲石頭，正好不偏不倚砸在伊布里的臉上，受傷出血。這場觀眾衝突事件不僅造成兩校紛爭，更意外的驚動了日美兩國的政府。[50]

為何一場在校園球場中的衝突事件會造成這麼大的反應？其原因在於一八九〇年

前後，日本政府為了向歐美列強爭取修改不平等條約，極重視外國人士在日安全，希望透過對外籍人士的友善與照顧，累積與外國換約的籌碼。[51]沒想到伊布里事件發生，美方的駐日單位得知後，對日本施壓，並揚言如果不懲處一高相關當事人，將影響日本與歐美列強的國際關係。在美方的壓力下，日本政府最後由外務省官員陪同一高委員與事件當事人，前往伊布里的居所登門道歉，事件才告結束。[52]

事件過後，一高棒球隊完全蛻變。球員將這場輸給明治大學的比賽視為「恥辱」，加上此事嚴重打擊校譽，球員及學校相關人士更重視棒球這項運動，不再純粹將棒球看成教育課程或休閒娛樂而已，而是作為學校精神的展現。為了增進球隊的實力並提高訓練量。不久，當一高再度對上明治學院，他們獲得了大勝，並建立出所謂的「一高時代」。[53]一八九六年（明治二十九年），一高棒球部從東京遠征橫濱，對上由外國人組成的棒球俱樂部，一連比賽四場，取得三勝一敗的佳績，自此將一高棒球推上明治棒球史的高峰。

擊敗橫濱外國人球隊

一高棒球部自「伊布里事件」後，奮發向上，不僅一報輸給明治學院之仇，接著更在東京大大小小的比賽中無往不利，創造「一高時代」的佳譽。不過在日本國內，盛行棒球的都市並非只有東京，位於東京近郊的橫濱同樣有許多棒球俱樂部，但與東京球隊的不同在於，橫濱是許多國外汽船的停靠地，而且他們一待就是六到八個月，這段期間，船員會進行許多戶外活動，其中一項就是棒球，因此橫濱球隊的組成份子以外國人居多。一八八三年，這群在日本的外國人創立了「橫濱板球運動家俱樂部」（Yokohama Cricket and Athletic Club，簡稱YCAC）。[54]這支球隊很快便成為橫濱最厲害的棒球隊，可說是一八九〇年代期間整個業餘球界的霸主。因此，如果東京王者「一高」與橫濱霸主「YCAC」能在球場上一較高下，勢必是極具話題性的社會焦點。

一八九六年（明治二十九年），一高首先向YCAC下戰帖，不過後者並未立即接受這項挑戰。YCAC拒絕的原因有二：一是在當時外國人眼中，日本人的地位比他們低等；二是一高學生的身體發育還不健全，被認為無法與具備成人體格的外國人進行比賽。[55]在當時美國人的認知中，如果雙方的「身份」「不對等」，就沒有辦法在同一個球賽中競爭。但積極想證明球技的一高學生無法接受這種說詞。就在前不久的中日戰爭（甲午戰爭）中，日本擊敗了他們心目中長久崇尚的大國「中國」，整個國族情緒處於激昂的狀態。明治維新的成功，又讓日本躋身所謂「文明大國」的行列，既然同屬「大國」，理當沒有身份上的差別；另一方面，當時在國際局勢上，俄、德、法三國「干涉還遼」，日本對於外國列強的不滿情緒高漲，因此一高堅決要與YCAC比賽。最後，經過一高外國教師馬森（William B. Mason）的斡旋，成功促成了日本棒球史上的首次「國際比賽」。[56]

賽事辦在五月二十四日的橫濱。賽前原被看好順利獲勝的YCAC，最後竟然以四比二十九的二十五分懸殊差距，慘敗給一高。比賽結果令外國人不可置信，一高選手與球迷則是非常興奮，因為他們不只贏了球賽，更贏了「國家的門面」。[57]一高校長特別說：「今日的勝利不單僅是我校的勝利，更是我國人的勝利」，而日本媒體也宣傳這場比賽的捷報，向國人分享這場比賽的喜悅，藉以振奮國家在不平等條約上失落的情緒。[58]同時，這場比賽也讓日本的體育觀念染上了「國族主義」的色彩。[59]如果要說明日本人如何透過棒球比賽宣洩國族情感，就好比一九六八年臺灣的紅葉少棒隊以七比零的比數，擊敗來訪的日本少棒的明星隊一樣，球隊的勝利不僅強化國族認同，更掃除了當時國家在國際外交上失利的陰影。[60]

一高在這場比賽中的勝利，大大提升國族自信。儘管在國際上，日本依舊無法與歐美列強平起平坐，但是在運動場上，已不再只是被壓著挨打的東方小國。而勝利的一高棒球隊，他們在球場上「不失禮節、勝而不驕、敗而不挫」的態度，也體現出日本傳統「武士道」的精神，自此廣為流傳。[61]一高在歷史定位上可說是「形塑了具有日本棒球特色的光榮時代」。

從「ベースボール」到「野球」

成功擊敗象徵西方列強的橫濱球隊後，一高的名聲響徹全國。除了創下擊敗外國球隊的創舉，一高還完成另一項重要的里程碑，便是將英文「Baseball」翻譯成具有日本國家特色的和製漢語——「野球」。

明治初年，從美國傳入日本的「棒球」一詞是直接以英文直譯，日文片假名稱作「ベースボール」（Baseball）。由於日本國內一直沒有相對應的名詞，所以很長一段時間都沿用這個直譯。一八九四年（明治二十七年），一高為了撰寫他們棒球部的歷史書，前一高明星二壘手中馬庚（Chuman Kanae, 1870-1932），依據「Ball in the field」的概念，將英文「ベースボール」翻譯成和製漢語「野球」（Yakyū），一高球員群起贊同，便在校內特刊《校友會雜誌》的封面上，提前預告「野球」一詞的到來，這是「野球」一詞首度出現。[62]到了一八九六年（明治二十九年），中馬庚也以《野球》為書名，出版日本第一本專門介紹棒球的書籍。從創造「野球」一詞的例子來看，可謂日本對於維新後一直模仿歐美而缺乏本國文化特色，作出了反思。透過創造融入國家特色的詞彙，進而表現出獨立自主的意識，可說是「野球」一詞代表的意涵。

另一方面，明治維新後，從海外傳入日本的休閒娛樂包含足球、桌球、籃球、高爾夫等，這些活動都是英文直譯，若有漢字書寫，也是照英文直譯而成（如籃球Basketball，日文漢字就翻譯為「籠球」）。唯獨棒球這項運動，有它自己的日文名稱「野球」，由此也可見「野球」在日本具有獨特的意義。[63]

小結

如果要說日本如何從一個大海中的小國，一躍而成世界強權之一，十九世紀的明治維新是最大的轉折點。

一八六八年的明治維新，日本仿效歐美制度，在文化的學習也不遺餘力。而這都可溯源自十九世紀歐美的海外侵略，尤其是美國。美國在當時海外市場的競賽中，首先打開日本兩個半世紀的鎖國，並使日本簽下不平等條約，因此日本人對美國既自卑又敬畏；不過弔詭的是，其中還有一種感激的心態。一般想像，對於外國勢力進入可能要排斥或抵抗的，不過明治維新初期，卻未必如此。事實上，明治時期的日本人，普遍覺得是培里的到來促成了維新，因而存有感激之心。在神奈川縣的久里濱，就建有培里來航的登陸紀念碑，據日本學者分析，建立碑文的多數關係人認為培里是日本的恩人。[64]此論也印證日本著名宗教家內村鑑三（Uchimura Kanzō, 1861-1930）所謂：「美國的培里提督，是世界上最偉大的人類之友」這樣的說詞。[65]而這種矛盾的心態，也反映在明治初期的棒球。

一八七〇年代，棒球開始在日本出現，此時只是學生、「菁英」和知識份子之間的小眾流行；一八九〇年代則隨著一高球隊的崛起而風行，並被賦予「國家」象徵，藉由融入武士道的「一高式棒球」精神及本土性的「野球」一詞，將這個遠從美國傳來的運動轉化為具有本國特色了。

經過模仿，再轉換成自身的文化模式，以此對抗外來者（文化傳入者），成了明治時期日本國家建設的重要思維。一高擊敗橫濱外國人球隊便是這種「崇拜（學習）卻帶有抵抗（反思）」心態的體現。而日本人對棒球的重視，可從一個有趣的記錄看出端倪：明治時期，日本發行的棒球相關書籍多達四十四本，相較於只有七本的足球，兩者相差近六倍。[66]或許可判斷日本社會對野球的喜愛已勝於其他同期的球類運動。其後，隨著全國高中棒球大賽與職業野球聯盟相繼在大正、昭和時期創立，這種嶄新的局面意味著棒球不再只是少數人的娛樂，而慢慢成為大眾生活休閒的一環。其中，職業野球聯盟的出現，更顯示出與美國在世界舞臺上一較高下的意味。

傳統與現代的衝突：日本相撲

既然要全面「西化」，那代表「傳統」國內的事物，就必然受到日人的冷落與抵制，而在這些被「排斥」的事物當中，具有代表日本傳統文化的相撲（Sumō），就是其中一項。明治維新前，有著日本「國技」之稱的相撲，一直是日本人心中崇高的活動。[67]相撲早在太古時期開始，就已經是民間做為祈求神祇、給予人類生活農業的豐收，和生活幸福的重要祭典。等到江戶時代，更成為一項競技。除此之外，相撲力士如同藝者一樣，其形象經常出現於浮世繪中。浮世繪的畫師之所以鍾情於藝者和力士，不僅是因為他們可以用來象徵日本，而是因為這兩者是廣受大家的喜愛，另一方面，在賣相上也比較好看。而當西方人在幕末時來到日本後，也是透過這些象徵來認識日本。[68]

當西洋文明和現代化的威脅逐步向自己的固有文化進逼時，日本人決定透過象徵，建構自己獨特的身分認同。[69]好比在簽署《神奈川條約》時，培里一行人受日本政府的款待，一同欣賞相撲比賽。在尚未遇到相撲力士之前，日本人的身型，看在美國人眼裡，可說是毫不起眼。不過等到力士們的出現，似乎也在瞬間改變美國人對日本人的觀感。尤其是站在日本方面來說，幕府雖然在外交上產生挫敗，但仍沒有影響到幕府對外國強勢的態度，反而想藉由相撲力士那強壯的身軀，來扳回顏面。除在美國人面前表演相撲比賽外，培里的船艦要離開時，幕府特別選出九十三名力士，協同美國人將日本所贈送的米俵扛上小船。力士們扛著米俵所展現出的力量，也讓培里一行人留下深刻的印象。[70]相較於美國藉著展示火車模型及機械器具來誇示文明的程度，而透過扛著沉重米俵的相撲力士，還有進行相撲比賽來展示強大力量並與之抗衡的幕府，所要象徵的，是歐美與日本之間文化異質程度的巨大差異。[71]

不過原本在幕末作為代表日本對外形象的相撲，卻在明治維新這個「西化」過程初期，意外地被捲入「傳統」與「現代」間的衝突。如果有看過相撲這項運動的人都知道，在土俵內，全身幾近赤裸的兩位力士，在賽前儀式完成後，接著進行「競武」。勝負的決定，就是兩者將其中一方推出土俵外，或者使其倒地，即能獲勝。在明治維新追求「文明開化」的階段中，對於相撲有著公開「赤裸」、「競武」的粗暴場面，對於已經接受西方文化薰陶的日本人，很不是滋味，於是將相撲視為一種國家的「恥辱」，進而形成一股禁止相撲活動的輿論。[72]於是在一八七一年（明治四年），東京率先有「裸體禁止令」的發佈，只要是公開裸露的力士們，就會受到罰金、鞭刑等的懲罰。[73]同年八月，政府也施行「散髮脫刀令」，[74]此法令當初所針對的是武士，不過留著長髮的相撲力士，也連帶受到影響。而散髮所帶來的結果與其象徵，更讓當時民間流傳這樣一首民歌：「敲打半髮頭則可聽出因循姑息之音。若敲打總髮頭則可聽出王政復古之音。倘敲打斷髮頭則可聽出文明開化之音」，藉由剪去過去幕府治下的長髮，來表達對過去「傳統」、「僵固」思維的摒棄，可說是日本在追求西洋文明的極端表現。[75]

相撲在明治維新初期所遇到的苦難，是其本身在「文明開化」的日本人心中，所留有「野蠻」的象徵，而這個象徵也迫使日本人有意放棄這項有著悠久歷史的傳統。比較於兩年後迅速被接納的棒球，這一前一後的舉動，也似乎述說著東西方文化（尤其是運動）在日本的強烈碰撞。

棒球的傳入的時間

棒球何時從美國傳入到日本，始終沒有一個很準確的答案，一般常見的説法主要有三種：

(1) 一八七二年（明治五年），第一番中學校説

依據君島一郎（Kimijima Ichiro，1887-1975）在一九七一年（昭和四六年）所出版《日本野球創世紀》一書所載，在一八九六年（明治二十九年）七月二十二日所發行《日本新聞》的報刊中，有一則〈野球の来歴〉一文的投稿，當中所揭露：棒球，首先於一八七二年（明治五年），在第一大學區的第一番中學內，由一位教授英語與歷史的美國人威爾森所傳入。這份文稿，也反駁在兩日前，也就是七月二十日，由著名文人正岡子規（Masao Kashiki, 1867-1902）在其《松蘿玉液》的專欄中所寫，「ベースボール」傳入日本是在一八八一年（明治十四年）至一八八二年（明治十五年）間。〈野球の来歴〉的説法，是目前最廣為被大眾認同，畢竟在現今第一番中學的舊址，東京都千代田區的神田錦町這裡，設有一座紀念碑，碑牌中説明棒球傳入日本的相關歷史，足以可見這説法的可信度與大眾的接納度。

(2) 一八七三年（明治六年），開成學校説

其實與第一個説法雷同，因為開成學校的前身便是第一番中學校。只是説另外多了一位外國教師穆格特（Edward H. Mudgett,?-?）。此説主要依據的是以一九一六年（大正五年）所出版的《朝日野球年鑑》一書內所載。過去日本知名棒球作家，如中澤不二雄

（Nakazawa Fujio，1892-1965）、大和球士（Yamato Kyūshi，1910-1992），甚至是寫《臺灣野球史》的湯川充雄（Yukawa Mitsuo，?-?），皆是持這一種説法。

(3) 一八七三年（明治六年），開拓使假學校説

一八七三年，由大藏省（註：相當於我國的財政部）所聘外國教師威爾森的侄子貝茲（Albert G. Bates,?-?）所傳入。持這種説法雖然也不少，不過因為距離日本棒球發展的中心——東京過遠，因此相較於前兩種的説法，其被接受的程度就沒有這麼高了。

日本棒球發源地的紀念碑（作者攝）

本章註

1 黑船，與南蠻船相同，是指中世紀以來日本人對外國船隻的稱呼，但並非一定指美國的船。另一種說法，南蠻船指的是十六世紀以來來自歐洲的船，而黑船，則是指幕末來到日本的外國蒸汽船。參考田中健夫著，《対外關係と文化交流》（京都市：思文閣，一九九一再版），頁三五一－三五二。

2 日本第三個武家政權，由結束日本戰國時代的德川家康（Tokugawa Ieyasu, 1543-1616）所建立。由於其建立的地點在江戶（即現在的東京），亦也稱作「江戶幕府」。

3 荷蘭是在日本鎖國的十八、十九世紀期間，唯一可跟日本進行通商的國家。而日本對於海外有關的知識與國際情勢，也是透過荷蘭人傳到日本本土。可參考三谷博著，張憲生、謝躍譯，《黑船來航：對長期危機的預測摸索與美國使節的到來》（北京市：社會科學文獻，二〇一三年），頁十九－二十一、七十八－八十二；大隈重信著，《日本開國五十年史》（上海：上海商務印書館，一九二九年），第三冊，頁十四。

4 三谷博著，張憲生、謝躍譯，《黑船來航：對長期危機的預測摸索與美國使節的到來》，頁二－三。

5 John W. Hall... et al. *The Cambridge history of Japan*. Cambridge [England]: Cambridge University Press, c1988-<1990 >. Vol5. pp.259.

6 E. Herbert Norman著、姚曾廙譯，《日本維新史》（北京：商務印書館出版，一九六二年），頁四十。

7 按美國學者費正清（John K. Fairbank,1907-1991）的說法，從《南京條約》簽訂的一八四二年算起，至不平等條約所廢除的一九四三年，這近一百年間可被稱為「條約世紀」。而這一百年的特色即是：第一，是中國漸漸對外來採取開放的態度；第二，是外國軍事侵略最激烈的時候；第三，是商業與宗教信仰的大轉變。John K. Fairbank, *China : a new history*. Cambridge, Mass: Belknap Press of Harvard University Press, c2006. 2nd enl. ed. pp. 204-205.

8 William T. Rowe著，李仁淵、張遠譯，《中國最後的帝國：大清王朝》（臺北市：國立臺灣大學出版中心，二〇一三年），頁一七八－一七九。

9 坂本太郎著、汪向榮等譯，《日本史概說》（北京市：商務印書館，一九九二年），頁三四九。

10 Tylar Dennett著、姚曾廙譯，《美國人在東亞：十九世紀美國對中國、日本和朝鮮的政策的批判研究》（北京：商務印書館，一九五九年），頁二一一。

11 池井優著，《日本外交史概說》（東京都：慶應通信，昭和五十九年〔一九八四〕增補三版），頁十。

12 此命令，便是逮捕，或直接殺害意圖登陸到日本本土的外國人（當然，荷蘭人是除外，但卻嚴加規定只能在長崎上岸，如果是在別處，一樣得驅逐）。同時，因為是積極性的驅逐，所以必須要毫無二念，因此也稱「無二念打払令」。池井優著，《日本外交史概說》，頁十一；（日）三谷博著，張憲生、謝躍譯，《黑船來航：對長期危機的預測摸索與美國使節的到來》，頁十三。

13 有關美國因捕鯨事業而邁向航海時代的背景，可以參考赫爾曼．梅爾維爾（Herman Melville, 1819-1891）所寫*Moby-Dick*（中譯：《白鯨記》）一書。此書的內容，便是根據在一八二〇年，捕鯨船艾森克斯號（Essex）遭一隻抹香鯨襲擊所改編而成。

14 三谷博著，張憲生、謝躍譯，《黑船來航：對長期危機的預測摸索與美國使節的到來》，頁七十一－七十三。

15 川澄哲夫著，《黒船異聞：日本を開国したのは捕鯨船だ》，十七頁。

16 對於開港前十年，日本內部對於是否開國的爭辯與對應，可參考三谷博著，張憲生、謝躍譯，《黑船來航：對長期危機的預測摸索與美國使節的到來》，頁四十五－六十五。

17 John W. Hall ... et al. *The Cambridge history of Japan*. Vol5. pp. 269；川澄哲夫著，《黒船異聞：日本を開国したのは捕鯨船だ》，55－60頁。

18 當時美國總統菲爾莫爾在給使節團指示時就提到日本人可能不願開國的固執，說：「若所有的爭論和勸說無效，海軍準將未能使日方政府放寬鎖國體制，或得到人道對待我國失事船隻船員的保證，他可以改變態度，毫不含糊的告訴對方，他們將遭到嚴懲。」即明確表示美國不反對以戰爭方式，讓日本開國。James L. McClain著、王翔譯，《日本史：一六〇〇－二〇〇〇從德川幕府到平成時代》（新北市：遠足文化，二〇一七年），頁一九七。

19 鄭樑生著，《日本通史》（臺北市：明文，一九九三年），頁四〇四；Marius B. Jansen, *The Making of Modern Japan*, Cambridge, Mass: Belknap Press of Harvard University Press, c2000. pp. 278.

20 福澤諭吉著、楊永良譯，《福澤諭吉自傳》（臺北市：麥田出版，二〇一一年），頁一一六。

21 信夫清三郎著、周啓乾等譯，《日本政治史》（上海市：上海譯文出版，一九八二年），第一冊《西歐的衝擊與開國》，頁三。

22 此指忽必烈（一二一五－一二九四）在一二七四年與一二八一年兩次侵略日本一事。

23 信夫清三郎編、天津社會科學院日本問題研究所譯，《日本外交史》（北京：商務印書館出版，一九八〇年），頁六十三－六十六；佐藤信等編，《詳説日本史研究》（東京：山川出版社，二〇一七年），三一九。

24 宗澤亞著，《明治維新的國度》，頁十七。

25 Paul Kennedy著，張春柏、陸乃聖譯，《霸權興衰史：一五〇〇至二〇〇〇年的經濟變遷與軍事衝突》（臺北市：五南，二〇一四年），頁一七五。

26 鄭樑生著，《日本通史》，頁四一九。

27 自源頼朝（Minamoto no Yoritomo, 1147-1192）在一一九二年成立鎌倉幕府（Kamakura Bakufu, 1192-1333），至一八六八年德川幕府最後一位將軍德川慶喜（Tokugawa Yoshinobu, 1837-1913）的「大政奉還」，結束了近七百年，三個幕府（鎌倉、室町、江戶）統治的時代。

28 「版」即版圖，為各藩領地，「籍」為戶籍，即人民之意。「版籍奉還」意指大名將其所管轄的土地與人民的統治權，奉還給朝廷，顯示新政府在形式上掌握全國的統治權。參考林明德著，《日本史》（台北：三民，二〇〇五年），頁一七〇。

29 宗澤亞著，《明治維新的國度》，頁十七－二十五；鄭樑生著，《日本通史》，頁四二〇、四二一。

30 此五條誓文分別為「一、廣興會議，萬機決於公論；二、上下一心，共展經綸；三、自官吏以至庶民，務使各遂其志，振奮人心；四、破除就來之陋習，一切基諸天地之公道；廣求知識於世界，以振皇基」。參考陳水逢著，《日本文明開化史略》（台北市：台灣商務，二〇〇〇年修訂版），頁二五七。

31 由當時身為明治政府右大臣的岩倉具視，率領維新政府以來最大規模的使節團，前往歐美各國，展開為期近兩年的文明訪察。而使節團訪察歐美國家，主要有三個目的：第一，確保與在幕末締結條約的各國維持友好關係，並且奉上新政府的國書給各國；第二，即將到修改條約的一八七二年（明治五年），而準備與各國談妥新約；第三，調查與研究日本所認為「現代」的歐美制度與文物。（清）黃遵憲著，《日本國志》（臺北市：文海出版，民國五十七年（一九六八）），光緒二十四年上海圖書集成印書局印，卷三，國統志三，頁一二二；田中彰著，《「脱亞」の明治維新：岩倉使節團を追旅から》（東京都：日本放送出版協會，一九八五年），頁十二－十三。

32 田中彰著，《「脫亞」の明治維新：岩倉使節團を追旅から》，頁二一三－二一四；這一時期，「脫亞論」在日本非常流行，一般說法，是由日本啓蒙大師福澤諭吉所提倡。主張強調日本明治維新應該放棄中國文明的儒教傳承，轉而接受學習西方文明理念。宗澤亞著，《明治維新的國度》，頁三九四；但另一種常見說法，指出「脫亞入歐」一詞，實際上，並未出現於明治維新時期，更別說提出者是福澤諭吉。根據日本思想家丸山真男研究，他以為，福澤除在一八八五年（明治十八年）所出版《脫亞論》一書外，以及同年三月十六日《時事日報》上，曾以「脫亞論」為題提倡他論點外，就沒再說過「脫亞」一詞，更別說是「入歐」。而將福澤諭吉與「脫亞入歐」一詞作聯結，是在一九五〇年以後才出現。丸山真男著、區建英譯，《福澤諭吉與日本近代化》（上海市：學林出版社，一九九二年），序，頁六－十。

33 William G. Beasley著，張光、湯金旭譯，《明治維新》（南京：江蘇人民出版社，二〇一一年），頁三〇三。

34 John Whitney Hell著，鄧懿、周一良譯，《日本史》，頁一六六。

35 John K. Fairbank, *China : a new history*. pp. 240-241.

36 高坂史朗著、吳光輝譯，《近代之挫折：東亞社會與西方文明的碰撞》（石家庄：河北人民出版社，二〇〇六年），頁十一－十六。

37 徐興慶，〈德川幕末知識人吸收西洋文明的思想變遷〉，收錄於《臺大歷史學報》，第四十期，二〇〇七年，頁一七七－一七八。

38 謝仕淵、謝佳芬著，《臺灣棒球一百年》（台北：果實出版社，二〇〇三年），頁十五。

39 吳文忠著，《體育史》（台北市：正中，民四十六（一九五七）），頁三二七。

40 林勝龍，〈武士道野球的誕生：以一高時代為考察對象〉，收入於《身體文化學報》，第十六輯，二〇一三年，頁二十一。

41 但根據研究美國棒球的作家許昭彥的說法，則認為這是美國人所「建構」而成。他所根據的是在十八世紀的英國所出版的*A Little Pretty Pocket Book*小書中，就有「Base Ball」的字語。在加上一八三九年當時，岱博疊才剛滿二十歲，說有能力設計出棒球這項運動，實在令人產生懷疑。另外作者也提到，一八九〇年時，棒球比賽已被視作為美國的「國家娛樂」（National Pastime，本書作「國民娛樂」）。如果說國家娛樂是由外國（尤其是殖民母國的英國）所傳來，實在無法令美國社會所接受，因此，由一位美國出身的將軍當作發明者，再加上風光明媚的小鎮作為發源地，不就很符合是「真正」的國家娛樂。參考許昭彥著，《美國棒球》（臺北市：聯經出版，一九八八年），頁十一－十二；另外美國棒球史學者也以為，棒球並非一人一時所創作而成，而是透過長時間改良民間的「Bat-and-Ball」的遊戲而來。Sayuri Guthrie-Shimizu, *Transpacific Field of Dreams: How Baseball Linked The United States and Japan in Peace and War*, pp.11；而在一八八三年，當時在日本教書的美國教師斯特蘭奇（F. W. Strance）寫有*Outdoor Games*一書（日本翻譯成《戶外遊戲法》）中，就已經明確指出棒球是美國的國家運動。原文：Base ball is the national game of the American people.參考F. W. Strance, *Outdoor Games*, Tokyo: Dai Gaku Yobimon, c1883, pp. 37.

42 目前美國公認第一個正式的職業棒球聯盟，創立於一八七一年的三月四日，由十個地區，共十支球隊，在紐約所組成。雖然此聯盟只運作了短短五年，不過也奠定了美國職業棒球發展的基礎。參考池井優著，《白球太平洋を渡る：日米野球交流史》，頁十二、十三；許昭彥著，《美國棒球》，頁十五；岸野雄三編、日本體育協會監修，《最新スポーツ大事典》（東京：大修館書店，昭和六年「一九九四年」），頁一－二十六。

43 大和球士著，《野球五十年》，頁十一。

44 菊幸一著，《「近代プロ・スポーツ」の歴史社会学：日本プロ野球の成立を中心に》（東京：不昧堂，一九九三年），頁四十九。

45 有山輝雄著，《甲子園野球と日本人：メディアのつくったイベント》，頁十九。

46 蘆田公平著，《六大學リーグ戰史》（東京：誠文堂，昭和五年〔一九三〇〕），頁七－八；池井優著，《白球太平洋を渡る：日米野球交流史》，頁二十七；菊幸一著，《「近代プロ・スポーツ」の歴史社会学：日本プロ野球の成立を中心に》，頁八十。

47 大和球士著，《野球五十年》，頁二十九。

48 林勝龍，〈武士道野球的誕生：以一高時代為考察對象〉，二〇一三年，頁二十七。

49 有關前兩起事件的研究，在臺灣先行研究成果上，可參考張大宇，〈和魂洋才型野球について〉（台北：中國文化大學日文研究所碩士論文，一九九九年），頁四十七－五十七；謝仕淵著，《「國球」誕生前記：日治時期台灣棒球史》（台南：台灣史博館，二〇一二年），頁一〇七－一〇八；林勝龍，〈武士道野球的誕生：以一高時代為考察對象〉，二〇一三年，頁四十一－五十八。

50 池井優著，《白球太平洋を渡る：日米野球交流史》，頁二十九－三十。

51 林明德著，《日本史》，頁一九四。

52 池井優著，《白球太平洋を渡る：日米野球交流史》，頁三十一－三十二；張大宇，〈和魂洋才型野球について〉，頁四十九－五十。

53 林勝龍，〈武士道野球的誕生：以一高時代為考察對象〉，二〇一三年，頁四十一－四十二。

54 Sayuri Guthrie-Shimizu, *Transpacific Field of Dreams: How Baseball Linked The United States and Japan in Peace and War*, pp. 30-33.

55 Allen Gutmann, *Games and Empires : modern sports and cultural imperialism*, New York: Columbia University Press, c1994. pp.76.

56 Sayuri Guthrie-Shimizu, *Transpacific Field of Dreams: How Baseball Linked The United States and Japan in Peace and War*, pp.34.

57 〈一高野球チームが、横浜の外国人チームに二九対四で大勝　初の纥国人との試合〉，《讀賣新聞》，一八九六年五月二十五日，二版。

58 有山輝雄著，《甲子園野球と日本人：メディアのつくったイベント》，頁二十九。

59 木下秀明著，《スポーツの近代日本史》（東京：杏林書院，体育の科学社，一九七〇年），頁一〇四－一〇六。

60 關於臺灣紅葉少棒，如何透過在球場上擊敗過去殖民國日本，進而形塑臺灣國族認同的相關研究，可參閱梁淑玲，〈社會發展、權力與運動文化的形構：臺灣棒球的社會、歷史、文化分析（一八九五－一九九〇）〉，頁六十四－六十六；張大宇，〈和魂洋才型野球について〉，頁五二；倪仲俊，〈國技的重量：一九六〇年代末期少棒熱相關報紙新聞論述中的國族主義話語初探〉，《通識研究期刊》，第十五期，二〇〇九年六月，頁一九九－二二六。

61 大和球士著，《野球五十年》，頁五十五。

又，武士道與棒球的結合，形成日本獨特的棒球理念。有山輝雄指出，「一高」所形成的棒球原則，主要有三項：第一，優勝劣敗的勝利至上主義；第二，精神主義，也就是重視棒球競技的真精神，智育與德育的涵養；第三：集團主義，也就是團隊精神。有山輝雄著，《甲子園野球と日本人：メディアのつくったイベント》，頁二十五－二十八。

62 池井優著，《白球太平洋を渡る：日米野球交流史》，頁三十五－三十六；有山輝雄著，《甲子園野球と日本人：メディアのつくったイベント》，頁十四－十七。

63 池井優，"Baseball, Besuboru, Yakyū: Comparing the American and Japanese Games", *Indiana Journal of Global Legal Studies*. Vol 8, Issue 1, c2000, pp. 73.

64 渡部昇一著，《アメリカが畏怖した日本：真実の日米関係史》（東京：PHP研究所，二〇一一年），頁四十二。

65 內村鑑三，日本知名作家、基督徒、傳教士，並創辦不需藉參加教會來實踐信的「無教會主義」。內村鑑三著、陳心慧譯，《代表的日本人》（台北：遠足文化，二〇一三年），頁十四。

66 Allen Guttmann, Lee Thompson, *Japanese sports : a history*, Honolulu : University of Hawai'i Press, c2001. pp. 82.

67 國技，日文稱為「国技」（Kokugi），一般來說，指一國特有的技藝，但更加說明的是一種運動競技或者是武術。舉例來說，美國的國技可說是美式足球或者棒球，而日本則是相撲。新村出編，《広辞苑》（東京：岩波書店，一九九八年五版），頁九三六。

68 大貫惠美子著、堯嘉寧譯，《被扭曲的櫻花：美的意識與軍國主義》（台北：聯經，二〇一四年），頁一三八。

69 大貫惠美子著、堯嘉寧譯，《被扭曲的櫻花：美的意識與軍國主義》，頁一三八。

70 川澄哲夫著，《黒船異聞：日本を開国したのは捕鯨船だ》，頁一二〇－一二一。

71 田中彰著、何源湖譯，《明治維新》（台北市：玉山社，二〇一二年），頁三七九－三八〇頁。

72 橫山健堂著，《日本相撲史》，頁一五五。

73 宗澤亞著，《明治維新的國度》，頁四四〇。

74 散髮在幕府末年已被視為文明開化的象徵，而自武士普及於町人、農民之間。黃遵憲，《日本國志》，一二二頁。

75 陳水逢著，《日本文明開化史略》，頁四五七；大貫惠美子著、堯嘉寧譯，《被扭曲的櫻花：美的意識與軍國主義》，頁一四六。

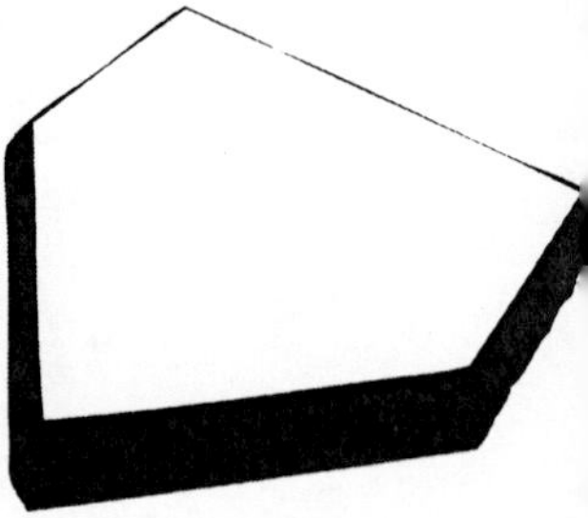

明治末期的「一高時代」隨著日本的高中與大學日益普及化而逐漸沒落；不過到了大正時代，野球（此時已有日本名稱，之後的章節一律以「野球」稱日本的棒球）走向另一個高峰，那就是「全國高中棒球聯賽」與「東京六大學聯盟」的興起，這顯示野球進入全國性發展的重要階段。另一方面，此時的日本因中日戰爭和日俄戰爭都打了勝仗，國際地位不斷攀升，在國內，國家認同也更加堅定。在這樣的局勢中，野球作為維繫日本與歐美（尤其是美國）之間的橋樑角色，就更為明顯。

到了昭和初期，時任讀賣新聞社社長的正力松太郎，在日本邁向國際戰爭（二戰）的背景下，邀請美國職業棒球代表隊遠渡重洋，赴日進行表演賽。與過去的邀請賽不同，這支美國代表隊是以當時美國職業棒球聯盟的球星組成，誠意與話題性十足，在當時絕對前無僅有。在日美雙方可能逐漸爆發全面性衝突之際，日方積極邀

約，以棒球作為軟實力的互動橋樑，美方則欣然來訪，這中間所隱含的政治訊息，隨著國際局勢的發展，越來越微妙。

日美明星對抗賽最後順利舉行，野球這項運動，也從「業餘」步入「職業」化發展，一九三六年「職業野球聯盟」的創立，便彰顯出野球已足以作為日本的「國家」象徵。

第二章

「黑船」來襲

日美棒球對抗賽與日本職業棒球聯盟的成立

「野球」走向大眾：大正時代

大正年間（一九一二至一九二六年），又可稱作「大正時代」、「大正民主期」、「大正民主時代」，是介於明治與昭和的過渡時期，雖然只維持不到十五年光景，不過這十五年卻讓日本這個東亞小國，一躍成為列強不容忽視的國際強權。

此時的日本由於明治後期中日戰爭與日俄戰爭的兩場勝利，以及第一次世界大戰加入協約國的勝果，在國際上儼然與歐美列強並列，一方面得以從而擺脫列強束縛，讓國家朝向自主化發展；另一方面卻也同時強化了日本的民族意識，使他們更堅定邁向國際擴張之路。

在此同時，日本國內的野球發展，則從明治時期「一高時代」集中於東京附近、偏向小眾菁英的參與，進一步擴及日本各地的高中和大學。像是關西地區，野球也同樣興盛，而且有別於東京的「大學／菁英野球」，以高校為主的「大眾野球」開始從近畿一帶萌芽。一九一五年（大正四年），由朝日新聞社所舉辦的「全國中等學校優勝野球大賽」，也就是日後鼎鼎大名的「甲子園」，成功擄獲大眾歡心。從這一年起，每年都會固定舉辦這場大型的全國高中野球嘉年華會，冠軍的錦旗成為全日本高中野球男兒競相追逐的目標。

關西地區開始吹起高校野球熱潮的同時，東京則是由早稻田與慶應為首，之後陸續加入明治、法政、立教、東京帝國大學（即東京大學），形成所謂的「東京六大學野球聯盟」，開創與甲子園不同氛圍的野球饗宴。這兩個學生聯盟，皆在大正時期誕生並穩定運作，可說是奠定日本未來培育職業野球人才的基礎。社會上，大正時代的工業化發展也促成大眾傳媒與鐵道事業日益進步，日本野球活動結合了傳媒宣傳及交通便利的優勢，成功開啟日後邁向「職業化」發展的道路。

從「東亞小國」邁向「世界強權」

在談論野球各時期的發展之前，不得不論及日本國內的社會演變。明治維新後，日本不論在政治、社會、文化，都朝向「西化」發展。對日本來說，學習歐美「先進文明」，就是走向「文明化」，而走向「文明化」，便是可以像歐美列強一樣，擁有「探索」世界的門票，不像早先近兩個半世紀的鎖國時期，只能從荷蘭那邊得到外面世界的消息。然而，日本對外探索的方式並不是很友善。除了派遣使節團前往歐美國家訪問外，因日本吸收「社會達爾文主義」的思維，對於周圍的鄰居，接連發起了中日戰爭（即甲午戰爭，一八九四－一八九五）和日俄戰爭（一九〇四－一九〇五），以「對外擴張」的形式證明自己是能與歐美列強並稱為「文明」國家。世界各國也因而無法再將日本視為發展中的國家，而是一個具有侵略性與追求持續成長的亞洲強權。

大正時期接續明治時期的發展，但不論是國內或者是國外情勢，對日本來說可能都比上一個時期更加難以應付。尤其在一九一八年之後的國際情況已經有著極大轉變，與二十世紀初期大不相同。第一次世界大戰的悲劇以及俄國革命的震動，使西方列強清醒過來，重新思考如何維持國際秩序。在美國總統威爾遜（Thomas Woodrow Wilson, 1856-1924）著名的《十四點和平原則》（Fourteen Points）下，國際民主的思想終結了十九世紀末風行的那個帝國主義為所欲為的時代。為使國際秩序重回帝國主義前的平衡，以美國為首，組織了「國際聯盟」（League of Nations），以期維持一戰後的國際和平。然而這樣的民主思潮本要斷絕帝國主義，卻反而造成一個始料未及的事態，那便是日本在美國預料之外的加入一戰後期。因為日本國內並未遭到戰火波及，國土未受任何傷害，所以不像歐洲各國那樣懷著對周邊鄰居的民族仇恨。一戰後，相對歐洲各國的利益爭奪，日本反而還從德國及其他西方國家中占到不少便宜，間接改善它在世界貿易中的地位；此外，它還得到中國以及太平洋這個重要的戰略地帶。因此，當歐美國家一面倒地支持民主思想並抑制帝國主義蔓延時，日本顯得沒有積極性的作為。再者，日本仍然對自己在國際社會上的安全感到憂心，一方面是明治初期受到歐美「不平等」待遇的心理陰影，另一方面則是對列強在亞洲的利益與特權心懷仇恨。因此一戰後，日本的最大目標可說便是躋身與歐美強國站在同樣的立足點上。之後對中國心懷叵測的《二十一條》，以及跟其他歐美國家一起武裝進犯西伯利亞這兩件事，對日本人來說，就是一戰在東亞合乎邏輯的後果。[1]

一戰後日本迅速晉身大國有兩個主要因素，第一個因素是它在地理上的隔絕狀態。占有鄰近大陸海岸腐朽沒落的中華帝國，對當時的日本已經無法構成威脅。當中國、中國東北，尤其是朝鮮，都有落入俄國之手的時候，鄰近中國的日本比任何其他的帝國主義國家，更能接近這些地區。日俄戰爭期間，俄國要沿著六千英里鐵路運送軍需補給的時候，就嘗到了苦頭；過了幾十年後，美國和英國的海軍，為解救菲律賓、香港和馬來亞時，也為了後勤補給問題而大傷腦筋。假定日本在東亞的勢力持續穩定成長，總有一天，其他國家必須使出全力以阻止它成為該地區的霸主。而第二個因素則是「士氣」，也就是日本特有的「武士道」精神。不可否認，日本人具有強烈的文化意識、崇拜天皇，具有國家至上的傳統，再加上武士道精神所造就的軍人榮譽感、作戰勇氣，以及強調紀律與意志力，在日本已然形成一種狂熱的愛國情操與不畏犧牲的政治文化。[2]一戰後日本的民族主義正邁向前所未有的高峰。如同法農（Fanon Frantz, 1925-1961）在其重要著作 *The Wretched of the Earth*（中譯：《被毀滅的大地》）中提到，關於民族主義，如果走向不正確的道路，沒有適時扳正，將會導致嚴重後果。[3]他認為如果民族意識在成功時未能轉變為社會意識，它的前途將不是解放，而是帝國主義的擴張。大正時期醞釀的強烈民族意識，也果然在之後的昭和初期為軍國主義鋪平道路，使日本走向戰爭。

日本作為一九二〇年代急速擴張的遠東新霸主，軍事力量已不容忽視。尤其一九二二年華盛頓海軍協定（Washington Naval Agreement）規定美英日三國海軍軍力，必須維持五：五：三的比例。自此，終結了長期由英國所獨霸的海上力量，而由新進的美國與日本兩國來平衡。不過日本政府並不滿足這樣協定的結果。當時的日本，正處於工業發展突飛猛進的大正時代，自然覺得在遠東必須拿到自己該有的「成果」，既然同是世界強權與一戰勝利國，白人所能有的，日本當然也要分得一杯羹，而且因為地處東亞，所以在東亞的利益上，應該要比歐美國家更大才是。不過其實以一九二〇年代後期來看，日本的經濟規模仍比不上歐美大國，工業總出產只占世界的百分之二點五。另一方面，日本也深深意識到自己的弱點，也就是現代工業經濟需要的各種資源，受限於地理因素，日本可說一樣也沒有，只能依靠進口，而進口就難免會受到外國海軍威脅，日本的產品要出口也得仰賴美國市場眷顧。這種經濟上的缺乏與無助，促使日本軍方想到大陸尋找資源，他們所持的理論是到中國去建立一個龐大的陸地帝國，不僅可縮短日本的運輸線，更可使日本國土與經濟得到更加充裕與穩定的保障。[4]

因此這個階段的國際情勢對日本來說正好是海外擴張的最好時機。儘管在簽訂《凡爾賽條約》（*Treaty of Versailles*）時成立的國際聯盟被寄予維持國際秩序的厚望，但主要倡導者美國因戰後孤立主義復甦，並沒有放太多心思在這上面，反而像是十九世紀時《門羅宣言》（*Monroe Doctrine*），不太理會美國國土以外的地區；加上美國與英、法爭奪國聯主導權失利，國內對於是否加入國際聯盟產生嚴重紛歧，最後在參議院投票下，美國拒絕加入國際聯盟。[5]當初威爾遜期望組織的國際聯盟，在美國沒有加入的情況下，似乎只流於形式，毫無解決國際紛爭的能力，最後反而還造成法西斯主義的興起。

既然歐美國家對東亞興趣減弱，再加上中國處在內戰與新國家發展階段，一直對外懷抱「渴望」的日本，趁著國際間「和平」的時期，在對外擴張上就顯得非常積極。因為民族主義的彰顯以及對帝國主義的抑制，使得原本門戶開放政策慢慢被遺棄。歐美列強捨棄原本的「帝國主義外交」（Diplomacy of Imperialism），尋求均衡發展，但如此一來，就等同於使日本在東亞地區，沒有可以抗衡它的國家力量，因此日本在一戰後，就逐漸顯示出它對東亞世界一種宗主國姿態，進而挑戰由美國所主導的華盛頓體系（Washington System）。[6]

職業野球發展的根基：走向大衆化的高校野球

日本野球在明治時期發展近四十年，從最早平岡熙開創新橋俱樂部、接著是一高獨霸的時代，甚至到後期發展出來的早慶戰，主要參與階層，絕大部分都是有接受歐美教育制度洗禮的人士。

早慶戰

早稻田大學與慶應大學兩校之間的體育競賽，當中的野球對決，更是被球迷認為是日本野球史上最具代表性的校對校競賽。

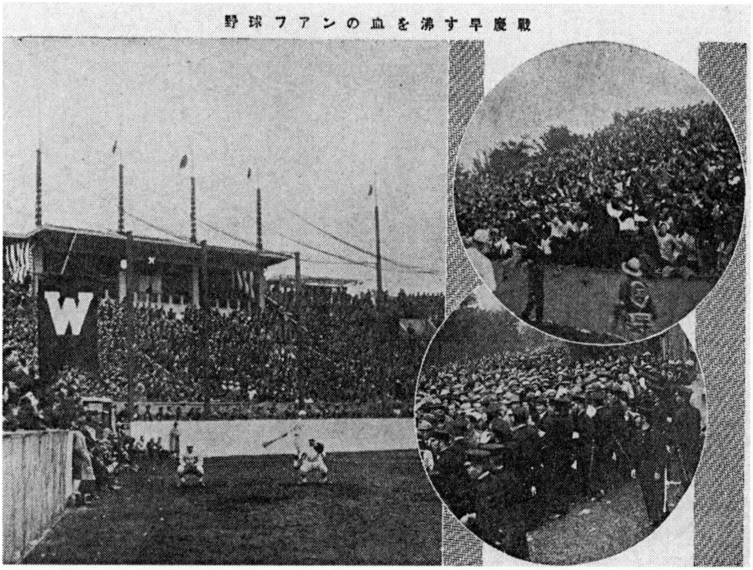

上圖｜野球早慶戰歷史照片

圖片來源：《大東京寫真帖》，19--年，出版者不明，8p圖版62枚，19×26cm，〔日本〕國立國會圖書館藏（日本全国書誌番號：21537030）

下圖｜慶應大學與早稻田大學的野球應援歌

圖片來源：《學校歌集》，蘭汀書院編，東京：奉公會，明治43年2月，9×15cm，曲譜，〔日本〕國立國會圖書館藏（日本全国書誌番號：40073195）

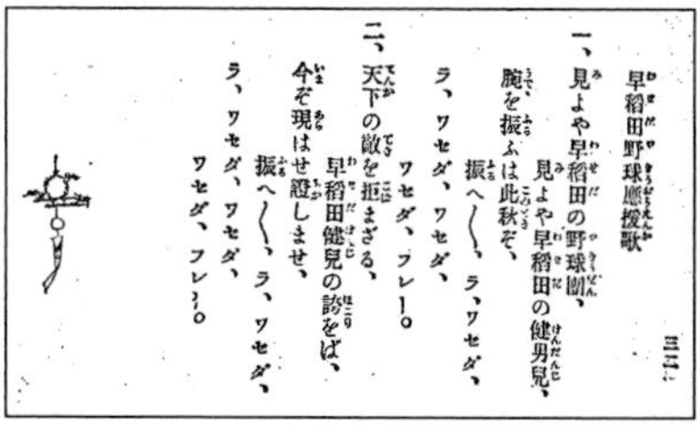

三二

早稲田野球應援歌

一、見よや早稲田の野球團、見よや早稲田の健男兒、
腕を振ふは此秋ぞ、振へ〳〵、ラ、ワセダ、
ラ、ワセダ、ワセダ、ワセダ、フレー。

二、天下の敵を拒ぎる、早稲田健兒の誇をば、
今ぞ現はせ證しませ、振へ〳〵、ラ、ワセダ、
ラ、ワセダ、ワセダ、ワセダ、フレー。

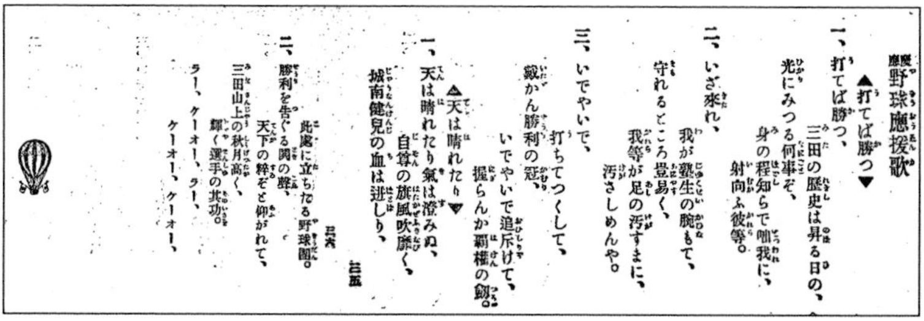

慶應野球應援歌

▲打てば勝つ▼

一、打てば勝つ、三田の歴史は昇る日の、
光にみつる何事ぞ、身の程知らで吶我に、射向ふ彼等。

二、いざ來れ、我が塾生の腕もて、
守れるところ豈易く、我等が足の汚すまに、汚さしめんや。

三、いでやいで、打ちてつくして、
戴かん勝利の冠、いでやいで追斥けて、握らんか覇權の劍。

三五

△天は晴れたり▼

一、天は晴れたり氣は澄みぬ、自尊の旗風吹靡く、
城南健兒の血は迸しり、此處に立ちたる野球團。

三六

二、勝利を告ぐる鬨の聲、天下の粹ぞと仰がれて、
三田山上の秋月高く、輝く選手の其功。
ラー、ケーオー、ラー、
ケーオー、ケーオー、

而到大正時期，隨著政治地位與經濟條件大幅改善的環境下，以及中等與初等教育的普及化，在學學生，甚至是一般大眾，都能夠更加輕易接觸到「野球」這項運動。因此，野球運動從明治時期過渡到大正時期的這段時間，已經使得野球這項運動，逐漸從「菁英」走向「大眾」推廣的路線。

在大正時期的學校教育中，對於學生們，不論在精神與體力上，皆極為重視。所以在體育活動上，學校不僅積極推廣，還加以規定學生，必須修習體操、柔道、劍道等，但也同時鼓勵多方涉獵其它運動，如籃球、田徑，野球等，因此野球能夠在校園內盛行，與當時日本教育政策的轉變有很大關聯。[7]同時，自由主義在大正時期的發展，促成自治思想日漸抬頭。政治上的思想，促成了市町村的自治組織，而體育界的自治思想，則構成了各學校的體育制度，及各種體育團體的聯盟與對抗。校與校之間的競賽，成為大眾生活圈不可或缺的娛樂。因此，在大正時期野球發展上，對日本體育，甚至是社會來說，最重要地，就是催生出「全國優勝野球大會」。

一九一五年八月，由朝日新聞社主辦第一回「全國優勝野球大會」（今日通稱夏季甲子園）在大阪西宮市的豐中球場舉行。[8]這場大會，可說是日本國內首次，具有全國性特質的野球活動。在這之前，儘管有像一高主辦的聯合野球大會，或是有四高北辰會主辦北陸關西中學聯合大會，亦或者是像京都、北海道、九州等，都有屬於他們區域性聯合野球競賽，但可惜都僅是侷限於一地區，並非是擴及到全國（表2-1）。[9] 儘管如此，從各地區有聯合大會這一點來看，說明當時學生野球的盛行程度，已然具有一定的規模。於是，大阪朝日新聞社決定大膽的嘗試這項計劃。

然而，要開辦全國大會，必然需要具備相當程度的先決條

表2-1｜明治時期的中學野球大會

地區	日本年號（西元）	大會
關東地區	明治三十七年（1904） 明治四十三年（1910）	茨城縣內中學校聯合大會（五校） 位於東京的中學野球大會（八校）
東海地區	明治三十五年（1902） 明治三十五年（1902）	東海五縣大會（五校） 三高主辦、關西野球大會（三校）
中國地區	明治 四十 年（1907）	六高主辦、近縣聯合野球大會
山陰地區	明治三十九年（1906）	山陰野球大會（五校）
北陸地區	明治三十四年（1901） 明治四十四年（1911）	新潟縣大會 長野縣大會 四高主辦、北陸關西野球大會（四校）
九州地區	明治三十六年（1903）	五高主辦、中等野球大會（四校） 明治專門主辦的大會
東北地區	明治三十三年（1900） 明治四十四年（1911）	秋田縣下中等野球大會 二高主辦的大會（七校）

資料來源：菊幸一著，《「近代プロ・スポーツ」の歴史社会学：日本プロ野球の成立を中心に》，頁59。

件，不然是沒有辦法實施。而此先決條件，就在於上述所提及中等教育的普及，使高校野球人口有了一定的數量。[10]再者，私鐵的開發與媒體的發展，也是助長野球得以普及的重要關鍵。以鐵道發展來說，自明治後期開始，關西地區的阪神電鐵、箕面有馬電軌鐵道、兵庫電氣軌道（現山陽電鐵）、京阪電鐵等陸續開業，使得關西一帶交通逐漸發達起來。交通的便利，不僅讓校與校之間的對抗更賽更為頻繁舉辦，並且使球迷進場看球意願提高，兩者相輔相成，使學生野球在關西地區開始熱絡起來。而在媒體發展上，《大阪朝日新聞》本身就是老牌報社，它與大阪每日新聞社，可說是關西地區的報業龍頭。不過在經營上，因為始終欠缺大型娛樂活動的報導，所以報紙發行量，並不曾有顯著的增長。因此，為能夠提升朝日新聞社在關西地區的知名度與發行量，配合高校野球日漸普及與交通便捷這兩項先決條件下，朝日新聞社決定嘗試舉辦全國性的野球大會。[11]

大會在一九一五年八月舉辦第一屆後，立即獲得極大迴響。當然，這也與《朝日新聞》在報紙上大力推廣球賽資訊是息息相關。隨著大會的成功，很快也就得到全國各地高校野球界的共鳴，自此以後，參賽學校是年年增加。第一屆時，有七十一所學校（占全國百分之九）角逐參加進軍大會的資格。而到一九三〇年時，已經有近全國百分之四十的學校參與競爭，這當中也包含一九二三年（大正十二年）的臺灣，以及更早之前的朝鮮、滿洲等日本海外殖民地學校。[12]而臺灣學校在甲子園最有名的事蹟，便是一九三一年，嘉義農林取得第十七屆「全國優勝野球大會」的亞軍。隨著「全國優勝野球大會」的成功，也促成一九二四年（大正十三年）「全國選拔大會」（今日通稱春季甲子園）的成立，自此，日本每年會有這兩個全國性的高校野球盛會。而在一九二五年，完成甲子園球場的建設，於是朝日新聞社就將比賽從鳴尾球場移至甲子園球場舉行，「甲子園」之名，後來也就成為高校野球的代名詞。

朝日新聞社透過野球與報紙宣傳作結合，成功開啟新的銷售管道，一直到現在，都還是如此。這樣將野球與新聞作結合的宣傳手法，也在不久後，由讀賣新聞社所學習。[13]只是在不同之處，朝日新聞社主打是學生野球，而讀賣新聞社則鎖定在社會人野球。

值得注意，高校野球的風氣，明顯是由大阪開始發起。較之先前新橋俱樂部，或者一高野球，都是從東京開始。因此大阪的崛起，是在大正時代所發展出來另一個重要野球地區。如果說東京是屬於「菁英式」野球，那這樣大阪所要表現的，便是一種「大眾式」野球文化。阪神地方能作為大正時代先驅，展現出大眾化消費時代到來的特徵，絕非偶然。在第一次大戰期間，大阪、神戶兩市，不僅作為工業化基地，其他在對中國棉布的輸出、內外海運中心等方面，也擔負著日本經濟機關車頭的重大任務。像這般經濟發展，使得阪神地區居民的生活水準提升，作為浮現大眾經濟的槓桿，大眾消費市場以阪神為中心，形成關西一體的活動圈。與此發展相伴，則是以甲子園野球、寶塚為象徵新式大眾文化與休閒的開花結果，形成充實的市民生活。在關西地方，可以看到最典型新式流動型社會的誕生，因而有「大眾社會萌芽的形成」的說法。[14]

高校野球雖然在明治時期就已經具備一定規模，但隨著大正時期全國野球大會的創立與發展，更加擴大學校的參與度，逐漸使高校野球的地位有著顯著提升。時至今日，每年夏季，全國仍有近四千校參與爭取進入「甲子園」的門票，這樣學生野球盛況，也形成日本獨特的野球文化。[15]

打下國際化的基礎：民間日美的棒球交流

相較於大阪地區帶動高校野球的成長，而原本野球發源地的東京，則是呈現另一種面貌。他們所仰賴的，是由早慶戰所發展出來的「東京六大學聯盟」（Tokyo Big Six League）。這幾所學校，除了定期舉辦校際對抗賽外，他們也積極地與外國球隊進行交流，透過相互邀請，讓美日雙方感受與彼此相異的球風，促成一股非官方野球的國際交流風潮。

提到東京大學校際野球的興起，其實是反映對過去官學的抵抗。當一高野球尚在獨霸時，自詡為野球界的大前輩，加上當時偏重官學的影響下，令原本創校已久的私校，如慶應大學（Keio University）、早稲田大學（Waseda University），心生不滿。後來，隨著一高野球不像過去有著對比賽的執著，過往所秉持的「武士道精神」，已經蕩然無存。因此早、慶兩所學校，先後挑戰一高的霸權，最後也都成功在球場上擊敗一高，使得「一高時代」徹底瓦解，迎來的，是以早慶兩校為首的大學野球時代。[16]

從明治後期發展出來的早慶戰，雖然中間曾因為兩校球迷發生衝突而一度停辦十多年，但是在停辦期間，東京大學的野球發展，並沒有因此而停滯。明治大學（Meiji University）、法政大學（Hōsei University）、立教大學（Rikkyo University），以及東京帝國大學（Tokyo Imperial University），陸續成立野球部門，使得東京地區的野球發展得以延續。到了一九二五年（大正十四年），早慶戰破冰之後，東京也成立他們的野球校際聯賽——東京六大學野球聯盟。

而大學野球從早慶戰開始，一直到東京六大學聯盟成立的這段期間內，不僅可以見到東京地區野球的成長與擴大，同時也促成非官方下日本野球海外交流的一段熱絡蜜月期。

一九〇五年（明治三十八年），早稻田大學野球部接受美國史丹佛大學（Stanford University）邀請，到美國參訪兩個月，這段期間，就安排到美國各地進行比賽，並且從中學習許多美國棒球的新觀念與新技術。選擇到美國遠征，主要是當時早大野球部部長安部磯雄（Abe Isoo, 1865-1949）所策劃。不過就當時時空背景來說，這樣舉動，很難被日本人所接受。畢竟二十世紀初期日本國內野球普及程度仍舊不高，一間大學的野球隊，要橫跨整個太平洋到美國進行比賽，實在是破天荒的壯舉。儘管有不少人對於安部這般「異想天開」的構想，報以冷嘲熱諷的態度，但是仍然無法撼動他訪美的決心。最後是早大創辦人，以及時任校長的大隈重信（Ōkuma Shigenobu, 1838-1922）支持下，實現安部這「遠大」的計畫。安部在得到校長支持後，立刻就與美國學校取得聯繫，這時是在一九〇四年末。隔年二月，即收到史丹佛大學同意的回覆，也讓美國遠征團確定成行。而早大即將遠征美國的這項消息，也在不久後，傳到勁敵慶應大學野球部隊中。慶大為此也替早大感到高興，特別在三月二十七日這天，為早大舉辦一場送別比賽。[17]

此次早大的美國遠征，可說是日本與美國棒球交流的開端。一九〇八年（明治四十一年），慶應大學也跟隨早大腳步，到海外舉行比賽，而他們前往的地點，則選擇是夏威夷。一九一〇年（明治四十三年），早大也到夏威夷。隔年，早、慶兩大學則各自前往美國，早大是第二次出訪，而慶大則是首次。[18]除了美國學校會邀請日本學校到美國參訪與比賽外，日本也以同樣形式邀請海外的學校到日本進行交流。一九〇九年（明治四十二年），首先由慶大起頭，他們邀請威斯康辛州立大學來日本交流，而來訪的時間更是長達四個月。隔年，早稻田大學邀請芝加哥大學來日。一九一三年（大正二年），慶大邀請曾經受邀他們去美國的史丹佛大學到日訪問，同一年，華盛頓大學（Washington University）則是受明治大學的招待來到日本。來自太平洋彼岸的美國大學棒球隊，在明治後期、大正初期實現到日本進行棒球交流，這可以說是日美棒球交流的深耕。[19]

據統計，自一九〇五年（明治三十八年）早大遠征美國開始，一直到一九三六年（昭和十一年）日本職業野球聯盟成立為止，日本球隊到海外交流計有三十三次，而國外球隊和教練來日則高達六十六次（見附表一、附表二）。[20]這項數據，突顯野球運動在日本發展上，已經具備走向國際化趨勢。這當中，尤其是與美國球界關係，則愈趨緊密。有了這層先行野球交流的基礎，使得日後對於促成日本野球聯盟成立主因之一的日美野球交流賽，便具有推波助瀾之效。

正力松太郎與他的《讀賣新聞》

提到日本職棒，熟知的老球迷們腦中，所浮現出來的第一印象絕大部分是讀賣巨人（Yomiuri Giants）這支球隊。它不僅是日本國內，首支有系統的職業野球隊，同時也孕育出許多臺灣球迷耳熟能詳的野球明星，如「世界全壘打王」王貞治（Oh Sadaharu）、「棒球先生」長島茂雄（Nagashima Shigeo, 1936-）、「酷斯拉」松井秀喜（Matsui Hideki, 1974-）等許多日本職棒歷代一線球星。除創隊最久、明星球員最多外，尤其在一九六五至一九七三年這九年間，創下史無前例的「日本一」九連霸（通稱「V9」，應是世界職業棒球運動中最長），更是球迷之間所津津樂道之事。如果說巨人隊歷史，是整個日本職棒發展史，一點也不為過。開創並統領這支球隊，使他們登上日本棒球頂峰，在背後最大的功勞者，就是其創辦人，也是日本職棒發起人——正力松太郎（Shoriki Matsutaro, 1885-1969）。

正力松太郎在成為讀賣新聞社社長後，大刀闊斧，不僅改變《讀賣新聞》在日本報紙產業上的地位，最重要地，是他引進「職業野球」的概念，讓日本球迷在學生野球興盛時期，猛然灌入一股全新思潮。一九三一年（昭和六年）時，他更成功邀請美國職業棒球聯盟（Major League Baseball）組成明星隊來到日本進行訪問，打開日美棒球交流的全新里程。而交流賽的成功，也讓正力松太郎心生在日本創辦職業棒球聯盟的念頭。

日本職棒之父：正力松太郎

要瞭解日本職棒發展起源前，首先一定要認識就是被尊為「日本職業野球之父」的正力松太郎。正力松太郎，一八八五年（明治十八年）四月十一日出生在日本富山縣，從他在東京大學畢業及日後發展《讀賣新聞》事業的成功看來，可知其人聰慧異人、個性強悍。一九一一年（明治四十四年），從東京帝國大學畢業後，就立刻進入到警界服務，而一九二三年（大正十二年）時，在不滿四十歲的年紀，就已經任職地方上的警務部長，前途可說是無可限量。[21]不過好景不常，就在擔任內務省警務部長不久後，因為爆發「虎門事件」，而導致他人生的重大轉變。這起事件，因為涉及到對日本皇室保護上的疏失，因而牽動政府高層。當政府追究責任下來時，當時身在要職的正力，不得已只好被迫引咎辭職。[22]不過看似走投無路的逆境，卻反而開啟他另一人生的康莊大道。

自警界辭職後隔年，也就是一九二四年，正力松太郎在政界、財經界多方友人協助下，成為讀賣新聞社的新任社長。能有如此際遇，主要因素在前一年，罕見的關東大地震，將讀賣新聞社位於東京的辦公大樓給震垮，再加上日益削減的報紙出版量，使得當時的社長不得已讓出所有權，並以十萬元日幣對外兜售。而正力在經由友人那得知消息後，有意願接掌《讀賣新聞》的事業。但礙於金額龐大，於是找上過去曾在臺灣總督府擔任民政長官的後藤新平（Gotō Shinpei, 1857-1929，當時是內務大臣兼帝都復興院總裁），尋求其金援。而後藤新平也慷慨貸款十萬日幣給正力松太郎，使他在二月二十五日這天，得以成功入主讀賣新聞社。而正力果然也不負眾望，花不到幾年的光陰，就讓報紙銷售量逐年增加，並且由虧轉盈，慢慢創造出《讀賣新聞》的報業帝國。[23]接手《讀賣新聞》後的正力，很清楚要將報紙業的劣勢所挽回，就必須要有許多改變，才能夠自競爭激烈的報業中，脫穎而出。

正力獨具慧眼，憑藉著在當警察時所養成能感知大眾心理的敏銳嗅覺，暗熟一般大眾喜愛什麼，或者討厭什麼。[24]他首創當時新聞界最初的「讀賣收音機版」（節目表的先驅），成功先抓住中上階層的閱聽者。[25]但是，對於一般非知識階層，或者社會地位較低的讀者群，其訂報率過低且並不長久，要提起他們長期訂閱某一報紙的積極性，報社必須不斷喚醒他們對事務的關心與好奇心。當時《讀賣新聞》就面臨到這樣的問題，正力也時常詢問友人有關報紙的購買慾，但發現他們只要一覺得報紙內容索然無味，就會立即停止購買，如此一來，銷售業績就會下降。這樣情況下，就必須要創造出更新、更具影響力的報紙內容，才能牢牢抓住閱讀大眾的心。於是正力松太郎在這個危機時刻，就把其報紙的賣點，從原本的「煽情」，轉向到「有趣」的議題，而預計主打的重點就是野球。在大正期間發展的野球，已經開始邁向到「大眾化」階段。於是，正力也有意將新聞報導重心轉向野球這項運動。

但是，如果僅僅將報導重點鎖定在學生間的野球比賽，就會與同是報社的敵手《朝日新聞》相同。尤其朝日新聞社在籌辦甲子園比賽已經形之有年，早已成為學生野球的大眾報，要想以「學生野球」的報導力抗《朝日新聞》，似乎是沒辦法。正力看準這個關鍵點，進而做一個驚天動地的決定，那便是透過與美國職業棒球隊的交流，舉辦日美棒球大賽這般超級大型活動。將「職業」概念引進到日本，並有系統介紹美國棒球文化，呈現出除了學生野球外，另外一種野球文化。[26]過去在大正時代，雖然美國球隊及日本球隊時常透過學校訪問的方式，有過數十次日美棒球交流的記錄，但都僅侷限在大學球隊之間，亦或者是獨立聯盟，一般大眾較難以接觸，也就從來沒有見識過美國棒球的最高殿堂——「大聯盟」。為使大眾對野球有全新的體驗，讀賣新聞社決定籌辦這次交流賽，可說是極為大膽的投資。

自一九二九年的寶塚野球隊解散後，日本國內就沒有一支能稱的上是「職業」的球隊，為了使職棒隊再次復興，勢必得做出一番的行動。[27]而邀請來自棒球最高殿堂的球隊來日本舉行表演賽，是正力認為最快、也是最有效能夠復興職棒的方式。「想看真正的野球」借重美國的經驗，刺激國人對野球的重新認識，因此一九三一這場「日美大戰」，就為日本野球界投下一顆震撼彈。

媒體世界所主導的新聞野球

野球在大正、昭和時期能夠在日本廣泛的傳播，並被大眾所能接受，是與當時逐步興起的大眾媒體有著極大關聯。當代日本，對於野球及相撲兩種運動，可說非常狂熱。畢竟在長達多年的發展下，已經形成一般大眾日常生活中，不可或缺的重要娛樂。這也是為何，現今日本有眾多專業性的體育報紙，可以暢銷的主要因素。而一般綜合性報紙，為了提升銷售量，少不了對體育新聞的報導，平常日出一版，到了運動旺季（約每年四月至十二月）時，則擴大篇幅為兩版至三版。[28]而報業對體育活動的重視，很大的因素就在於一九二〇年代的發展背景。

如同霍布斯邦（Eric J. Hobsbawm,1917-2012）所指出，「現代的大眾媒體，在二十世紀初有著長足的發展。這當中，包含了報紙、電影，甚至是廣播。無論是在私人企業或者國家，都可藉由大眾媒體使一般人民的意識形態趨於標準化、齊一化；當然，也可藉著大眾媒體進行宣傳及洗腦的目的。」[29]尤其在大正時期人民教育知識的普及化，加上國家對外擴張的集體氛圍環繞在一般大眾身上，為了能夠滿足大眾對國家事情的認知慾，報業提高對國家事務報導，以最快的時間，讓民眾取得第一手的國家資訊。大眾對知識與時事的追求，便使得日本的傳媒發展更加迅速。這個時期的日本民眾，因為對於國家事務的熱衷，使報紙與雜誌的銷售量都有著顯著成長。而大眾傳媒的發達，使國家大事能快速傳遞到大眾生活內，無形中也縮短國家與人民之間的距離。透過宣傳手段，大眾媒體逐漸地成為人民吸收知識最主要的載體。而野球新聞的報導，如同搭上順風車一般，也隨著這股潮流，成功打進到一般大眾的生活圈。

如同本章第一節所提到，野球在大正、昭和年間開始廣泛的傳播，除有學校數量的擴大、私營鐵路的興建外，第三個重要因素就是媒體的發展。尤其從一九一五年開始，朝日新聞社藉由舉辦「全國中等學校優勝野球大會」，成功打響自家報社的名聲。每當大會舉辦的那一個月份，都能使發行量，增加至平時的兩成五，甚至是三成以上。透過版面高唱愛國心與愛鄉心，報導家鄉（故鄉）母校的子弟們在外地打拼，以及活躍於球場的表現，吸引鄉土意識深厚的民眾訂閱與購買。[30]抓準大眾對學生野球的關注，也讓《朝日新聞》成為學生野球報導的主流媒體。

而正力松太郎入主讀賣新聞社後，也跟隨朝日新聞社的腳步，開始在報紙版面上，推行野球這項運動。《讀賣新聞》最初的做法，是先在一九二九年（昭和四年）時設置「運動」專欄。兩年後，再設置《讀賣少年講座》，並以「野球の話」（中譯：棒球談話），專門介紹野球相關的知識。[31]從《讀賣新聞》創設「體育」專欄一事來看，可知道在一九二〇年代的日本，開始產生對體育活動的重視。尤其是在朝日新聞社舉辦大型活動後，成功吸引大眾對體育比賽的注視，並且達到提升報紙的銷售量，打響報社知名度。而這樣行銷手法，隨即就引來其它報社的效法，如《每日》、《讀賣》都是如此。報紙，在當時作為最便利的宣傳媒介，一方面報導國家大事，激起國民的愛國心，另一方面則透過對體育活動的報導，滿足大眾對日常娛樂的追求。尤其在知識不流通的時代，媒體的力量可說無遠弗屆，自然他們也就能建立出他們的知識體系，掌握並主導大眾的思考方向。他們所帶的風向，很容易就能讓大眾所接受。看準野球在日本人的生活圈中慢慢普及，透過在一般民眾所能輕易取得的報紙中，傳播與推廣野球的知識，是最能深入到大眾日常生活內的方法。在這點上，《朝日新聞》與《讀賣新聞》兩報就成功做到。

因此，有關野球新聞的報導，就成為報社著重焦點。尤其將野球與媒體兩者作結合，不僅能為報社提高額外銷售量，同時也更加擴大野球這項運動的傳播。而報社對日後日本野球的發展，也建立一個穩固的體系，不論在職棒成立，亦或者是職棒的延續，報社影響力，是既顯著又無法忽視。

試辦首次日美明星對抗賽

時間來到一九三一年（昭和六年），讀賣新聞社正式邀請美國職棒聯盟組織明星隊赴日參訪，同時也在國內興辦選拔賽。自從「寶塚野球協會」解散後，就沒有一支稱得上的職業球隊，於是正力松太郎在日本代表隊的球員選拔上，決定以當時日本頂尖的棒球名校，如早稻田、慶應、立教、明治、法政等大學（意即東京六大學校聯盟）的明星球員來組成。除了使用「全日本隊」的名義出場外，其他業餘強隊，如八幡製鐵、全橫濱明星隊、橫濱高商等隊，也共同前來參與這場盛會，與遠道而來的美國職棒明星隊進行交流。[32]

「邀請美國職棒球隊對日本業餘隊的對戰，對於什麼是真正的棒球，實在很想看一次」。於是由曾經到日本進行比賽的賀伯・杭特（Herbert H. Hunter, 1895-1970）所率領「大聯盟選拔隊」，就在十月二十五日這天，抵達橫濱。陣中主戰球員，儘管沒有日本球迷所期盼的貝比・魯斯，但也包含當時活躍於大聯盟，並與魯斯齊名的洋基隊友「鐵馬」葛里格（Lou Gehrig, 1903-1941）、以及日後「三百勝」大投手葛洛夫（Lefty Grove, 1900-1975）等好手，他們即將為日本球迷帶來高水準的棒球演出。[33]

為了促成美國代表隊到日本比賽，可說是全國大動員。主辦方當然是讀賣新聞社，不過在整個邀請的過程中，政府機關反而也幫了不少忙。因為正力曾經嘗試以自己的能力邀請大聯盟球隊，但因為資金無法談妥等因素而告失敗。於是他運用自己與政界的關係，請到文部省與外務部幫忙，成功打開與美國對話的管道。[34]特別是美國隊願意在一九三一年底訪問日本，很大因素是在維繫「日美間的情誼」（U.S.-Japanese friendship）。就在他們抵達日本的一個月前，日本對滿洲發動侵略戰爭，也就是「九一八事變」。如同入江昭所言，這起事件發生，可說是向美國所創造的「華盛頓體系」的國際秩序挑戰。[35]而為減緩日本國內對侵略的激情與舒緩國際間緊張氛圍，選在這敏感時機來到日本的美國隊，或許促進和平交流目的，遠比展現球技還要重要，也正是反映美國「國際警察力量」的一種實踐。[36]

而在一系列交流賽籌備過程中，除政府機關給予協助外，讀賣新聞社本身就花費相當苦心在這件事上。最早正力松太郎有這項計畫，是源於一九二九年時，有《報知新聞》記者告訴正力，是否有意願邀請貝比・魯斯到日本表演，也就是規劃類似於「日美棒球交流賽」的大型計劃案。這對當時只能算是東京地區排名第八的讀賣新聞社來說，是一項「大餅」，但也同時必須冒著有失敗的極大風險，可說是一把「雙面刃」。但正力以為，透過「棒球交流賽」的計劃案，將《讀賣新聞》在全國打響知名度是具有可行性，於是就答應這項提案。[37]

計畫案確定後，正力就開始著手籌備相關交流賽事宜。首先在一九三〇年九月，聘請市岡忠男（Ichioka Tadao, 1891-1964）擔任新設立的讀賣運動部部長。市岡忠男，出身於野球名校早稻田大學，主要守備位置為捕手，在一九二五年（大正十四年）時開始擔任早大總教練，一直任職到一九三〇年八月，才辭去總教練一職。市岡在與正力接觸後，清楚知道他是一位對野球抱持強烈熱忱的人；在正力拋出「日美野球交流戰」這個大膽計畫後，深深打動市岡的內心。於是市岡就接受正力邀約，擔任讀賣運動部部長，負責統籌交流賽準備事宜。另一方面，除國內需要有人負責規劃活動，在國外，也必須有人是對美國棒球事務有深刻認知，並且有能力承擔起與美國方面接洽的窗口，於是正力另外找上有留美經驗的鈴木惣太郎（Suzuki Sōtarō, 1890-1982），作為代表《讀賣新聞》的對美聯繫人員。鈴木，與市岡同為早大學生，但因罹患結核而在中途休學，最後是在大倉高商（現在的東京經濟大學）完成學位。畢業後，在學長幫助下，擔任一家貿易商的員工，最後更因公司的海外貿易成功，就被派遣遠赴紐約。不過讓鈴木對美國棒球文化的投入，還是在於紐約巨人隊給於他通行的便利，使他能夠在紐約自由觀賞棒球比賽。加上鈴木在赴美期間內，恰好適逢「黑襪事件」（Black Sox Scandal）的爆發，以及貝比・魯斯所開啟的「全壘打狂熱」風潮，使他親身經歷一九二〇年代美國棒球那璀璨時代，同時也堅定他對美國棒球事務的研究。[38]

對美國棒球研究的熱情，後來也讓鈴木自己出版《米国の野球》（中譯：《美國棒球》）一書。對於有這樣一位對美國棒球有深入認知的人物，正力當然不會錯過，於是在鈴木回國後，透過旗下的記者尋找到這樣一號人物，就極力邀請他進入讀賣新聞社服務。鈴木惣太郎也沒讓正力失望，他一方面作為讀賣新聞社對美國交涉的溝通橋樑，一方面則在《讀賣新聞》上發表「米国野球史」（譯：美國棒球史）的運動專欄，一共五十五回，為閱讀大眾有系統地介紹美國棒球的歷史與文化。[39]如此準備，就是希望使球迷能先有一套基礎的知識架構，擴大球迷的視野，為即將準備的交流賽鋪好道路。透過他的努力，日後成功促成日美交流賽順利舉辦，一圓正力松太郎的「美夢」。「日美交流賽」這項大膽計畫之所以能夠成功，主要就是鈴木這位「千里馬」能遇到正力這位「伯樂」，藉由兩人合力所共同完成，可說是日本野球史上的重要佳話之一。[40]

經過眾人合作下，在一九三一年十一月七日的神宮球場，揭開「日美交流賽」的序幕。對於這場極具歷史意義的比賽，正力特別邀請到當時日本文部大臣田中隆三（Tanaka Ryuzo, 1864-1940）擔任開球嘉賓，而捕手則是由當時美國駐日大使福布斯（William Cameron Forbes, 1870-1959）所擔綱，足以可見雙方都極為重視這次交流賽的舉行，媒體更形容此次開球為「締結日美親善的第一球」。

此次表演賽一共舉辦十七場，整個賽會盛況，大大超出正力與鈴木二人的預期。雖然日本代表隊在整個賽事可說被打得「體無完膚」，連一場勝利都沒有（見表2-2）。日本球員面對到美國棒球深不可測的實力，而體現出來的無力感，不論是美國投手投得讓日本打者「看不見球」，又或者是打者的強大擊球力道，皆讓日本球員們只能望洋興嘆。不過對球迷來說，反而看得非常開心，因為他們充分享受與見識到何謂「最高水準」的「職業棒球」。雖然球迷看得過癮，但也讓日本球迷體認到日美雙方棒球實力有著一段明顯落差。整體實力凌駕在日本隊之上的美國隊，他們代表的不僅是美國的棒球水準，更是象徵美國的國際力量。而交流賽場場爆滿的景象，更使正力深信成立「職業」球隊是指日可待。[41]十一月八日，剛舉行完日美交流賽的第二場比賽，正準備回到帝國飯店的路程中，市岡忠男就問鈴木惣太郎：「是否要在日本發起職業棒球？」不僅正力，連一同協辦的市岡等人都如此認為，使這一次日美明星對抗賽可說是促成組成職業野球聯盟的開端。[42]

對於這次交流賽每場球賽的細節，恕筆者無法全部以文字表達，僅只能透過對戰成績表顯示。從對戰表可以清楚知道，不論是由各大學菁英所組成的全日本隊、大學球隊，或者是業餘球隊，通通都無法與美國隊匹敵。因此，要能在文本中看出美國隊的實力，勢必需要以特別顯著的例子來表示。翻閱相關野球書籍，對於這次交流賽的敘述，多半著重在第二場，也就是美國隊對上早稻田大學的這場比賽。這一場比賽早大派出他們引以為傲的王牌投手伊達正男（Date Masao, 1911-1992）先發，他沒讓球隊失望，一直到六局結束，只讓美國隊打下一分，而早大也以四分之差的比分領先，許多球迷都認為可以見到日本球隊的首場勝利。然而勝利女神並未向日本微笑，就在七局下，美國隊一舉灌入七分，反而以八比五超前。而這個被喻為「驚天動地的事故」的第七局，並未因美國隊的出局數而結束，到了第八局上仍再延續。在逆轉戰局的情形下輪到美國隊守備，此時美國隊派出陣中名號最為響亮的葛洛夫上場。葛洛夫在一九三一年球季不僅奪得美國聯盟的投手三冠王（勝投、防禦率、三振），更拿下當年度的最有價值球員（MVP，Most Valuable Player），可說是當時美國職棒最具代表性投手之一。而他的實力，也在日美交流賽中，令日本球迷留下深刻的印象。葛洛夫在第八局上場，並主投剩下的兩局。第八局投十球，第九局則是十一球，而在這二十一球當中，面對六名早大打者，連續投出六次三振，也就是這兩局全部出局數，都是以三振拿下來。被三振的早大球員事後回想起對決那一剎那，都認為葛洛夫球快到如同煙霧一般，使他們都無法清楚看見球體，因此也就無法確實掌握到球，只能眼睜睜看著球進到捕手手套。葛洛夫的球，就被媒體稱為「煙り球」（Smoke Ball），這可說是對葛洛夫球速的推崇。同時，以葛洛夫這場比賽的精彩表現，來形容美國與日本棒球實力上的距離，也成為日本野球書籍書寫第一次接觸到美國棒球真正實力的表徵。[43]

作為象徵和平使者的美國隊，對於此次造訪日本的印象良好。回到美國本土的大聯盟球員，回憶起在日本所接受到的款待與感受球迷的熱情，都讚譽有佳。而日本方面，因為見識到美國職業棒球的實力，更使得國內野球熱潮持續漫延，在對美國棒球優良評價下，也順利在三年後，促成第二次日美對抗賽的舉辦。

表2-2｜1931年（昭和六年）日美棒球對戰紀錄表

日期	日本隊	比數	美國隊	球場
11/7	立教大學	0－7	全美國	神宮
11/8	早稻田大學	5－8	全美國	神宮
11/9	明治大學	0－4	全美國	神宮
11/10	全明星大學	2－13	全美國	仙台
11/12	全日本	1－14	全美國	前橋
11/14	全日本	3－6	全美國	神宮
11/15	全日本	0－11	全美國	神宮
11/17	全日本	0－15	全美國	松本
11/18	慶應大學	0－2	全美國	神宮
11/19	法政大學	1－8	全美國	靜岡草薙
11/21	全慶大	1－5	全美國	鳴海
11/22	全早大	0－10	全美國	甲子園
11/23	全慶大	0－8	全美國	甲子園
11/24	八幡製鐵	8－17	全美國	下關長府
11/26	關西大學	2－7	全美國	甲子園
11/29	全橫濱	2－3	全美國	橫濱
11/30	橫濱高商	5－11	全美國	橫濱

資料來源：參考ベースボール・マガジン社編，《日米野球八十年史》（東京都：ベースボール・マガジン社，2014年），頁114。

來自遙遠國度的「黑船」：魯斯與世界第一的美國大聯盟選拔隊

一九三一年在正力松太郎的領導下，舉辦全國性的日美交流對抗賽。而由美國職棒球隊所組成的明星隊，對上由日本東京六大學明星所組成的聯軍，成功吸引全國球迷的目光。當初正力的構想，就是希望透過美國「職業」球員在球場上精湛的球技，使日本大眾知道，野球唯有走向「職業」一途，才能夠使野球躍上世界舞台，進而挑戰棒球世界的最高殿堂——美國大聯盟。

不過在推廣「職業」野球的過程中，僅靠讀賣新聞社是不夠，重要地必須要有官方介入。而在一九三二年由文部省所頒布《野球統制令》，正好就給正力一個適當的時機，利於他推動第二次的日美交流賽。一九三四年，正力首先成立日本第一支有系統的職業野球隊，而以這支球隊為班底，對上世界棒球巨星——貝比・魯斯為代表的大聯盟選拔隊。透過這次交流賽，不僅讓日本球迷更加深刻體會到美國隊的實力，進而也刺激球迷盼望日本也能有相同的職棒聯盟。

在兩次日美交流賽及《野球統制令》的影響下，終於在一九三六年，日本迎來國內第一個職業野球聯盟，其最大宗旨，便是期許未來能在國際舞台上，與美國進行世界第一的爭霸戰。

打響職業運動的第一聲——文部省的「野球統制令」

就在日本球迷首次體會到大聯盟選手的實力，以及高中與大學野球邁入全盛時期的同時，在一九三二年（昭和七年）三月二十八日，負責處理文化、教育、學術的文部省，突然下達一道訓令，其訓令主要用意，是禁止學生球隊參加具有商業性質的比賽，這無疑是給予正在興盛的學生野球，投下一顆震撼彈。此訓令第四號，便是日本野球界著名《野球ノ統制並施行ニ關スル件》，亦簡稱《野球統制令》（Yakyū Tōseirei）。[44]

在訓令頒布前，文部省就有意將體育與國家政策作結合，其中比較明顯的例子，包括制定「體育日」，以及開辦有「國民祭典」之稱的「明治神宮大會」等等相關事

1932年（昭和七年）3月28日，文部省頒布的訓令，禁止學生球隊參加具有商業性質的比賽，一般簡稱《野球統制令》。

宜。[45]而《野球統制令》的頒布，其主要用意是禁止學生球員參與過多比賽，因此導致學業退步問題一再發生。先前，大學、高中野球的興盛，使學生開始有了「明星」化的跡象，學生如同商品一般，學校們為增加校隊的競爭力與賺取門票收入，以及提高學校的知名度，造成彼此之間相互挖角球技優異的學生事件頻繁發生。[46]而學校球隊也趁民眾對於野球狂熱的風氣下，時常到全國各地進行交流比賽，校與校之間的競賽頻繁，有時一年中會比到一百場以上比賽，對球員體能上的負擔程度是非常龐大。[47]學生投入過多時間在參與球賽上，相對導致課業方面重視程度跟著下滑。而到外地比賽結束後的球員們，也時常受到當地學校的餐會款待，無形中，使得野球的信念，開始朝向「物質」層面，而非重視「精神」層面的發展。[48]

如此連鎖效應下，造成球員們無論是課業、健康、心理發展上，都受到重大影響。喜愛打球固然是好事，但卻不能夠將學業晾在一旁，尤其是拋開固有「武士道」（質樸、簡約）精神下，而走向對商業化追求，是不能夠被允許。如果這問題不加以控制，等蔓延至高中以下後，其後果是不堪設想。當時日本國內已經要準備進入戰爭階段，國家邁入軍國主義化的道路，為了使全體國民（尤其是在學學生）的精神理念更加與國家思想同步，並使身體更佳健全發展，政府有必要介入教育體系，藉由運動來灌輸國家的思想。

單單就以《野球統制令》中，對高中及大學野球的幾條相關規定來看，如成立學生聯盟的經營規劃、每年度的經營與會計事務、門票的徵收與收支報告都需要「義務」性的告知文部省，更有甚者，是禁止學生參加校外俱樂部球隊。[49]許多學校原先可以「自治」的地方都受到限制。尤其是對學生們來說，他們只能參與校隊，而無法接觸校外的俱樂部球隊，明顯就是要限制學生打球的自由，並且將學生與商業之間的聯繫加以斬斷，以便達到「淨化」的結果。

得知關於《野球統制令》對於學生的種種限制後的正力，很清楚知道要像前次一樣，選拔各大學現役著名選手所組成明星隊，已經是不可能。但他並沒有氣餒，反而更加快速的推動第二次日美交流賽。同時，為「響應」《野球統制令》，他也積極開始籌備與推動職業野球隊的成立，並試著以這支球隊為班底，組織日本明星隊參加第二次的交流賽。有別於上次是以學生為主的聯軍，這次正力決定要以構想的「職業」球員來對決大聯盟明星隊。而被喻為美國職棒史上最偉大的棒球員貝比・魯斯，仍舊是本屆交流賽日本最希望邀請的球員。一九三一年魯斯因故無法參加，不過這次在多方人士協助下，最終得他的允諾，將與號稱「世界第一」的美國明星隊到日本參訪。此一消息傳到日本國內後，震撼整個日本野球界，也讓尚未舉辦的第二次美日棒球對抗賽，「未演先轟動」。[50]

連結日美棒球的橋樑：歐道爾

如果將《野球統制令》看成是促成日本成立職業球隊的關鍵歷史因素，那與此有同等重要性的另一個因素，就是一位來自美國的棒球員歐道爾（Francis Joseph “Lefty” O’Doul, 1897-1969）。歐道爾作為一位外國人士，所以能在日本野球史上留名，除了他在一九三一、一九三四年兩次代表美國隊來到日本交流外，還在於他來到日本後，深深被日本這個國家所吸引，並決定以作為日美兩國棒球交流的橋樑而努力，日後還成為促進日美棒球交流的關鍵人物，更被喻為美國對日首要棒球大使。[51]

在國際上，兩個國家間的交流，如果僅有單方面有熱忱，那其效果則不顯著，更別說要能夠達到預先設想的目標。自一九〇五年開始，由日本早稻田大學，率先主動與美國球隊交流，打開日美棒球文化交流的窗口。延續到一九三〇年代，由《讀賣新聞》推廣美國棒球文化為止，原則上，比較是日本方面較美國來得積極。不過，到了日美棒球交流賽則不然，是美日雙方都付出極大的努力，才有這樣的成果。儘管雙方對於籌辦交流賽真正「目的」不盡相同，但不可否認一點，是雙方都希望藉由交流賽的互動，來維繫日美間、以至於棒球場上的情誼，進而達到國際間和諧。

作為一九三一年來日美國代表隊成員之一，歐道爾自踏入日本後，就喜歡上這個國家。他在東京這段時間，充分體會到日本風情，而且也在交流賽的過程中，體驗與瞭解到野球在日本所受到的重視。交流賽結束後，歐道爾留下「我還會再來日本，也想在這打球」的訊息後，回到美國。對於有這樣一位「親日」美國人，自然就會引起正力的關切。而歐道爾在離開日本之前，也與鈴木惣太郎結成好友，在歐道爾回到美國後，雙方透過書信往返相互述說身邊的棒球故事，這個過程可說是毫不間斷。正力與惣太郎兩人，就藉由與歐道爾在理念上的契合，開始計畫第二次日美交流賽。[52]

自一九三二年開始一直到一九三四年初，鈴木與歐道爾兩人，不斷透過書信、電報，亦或者見面的方式，來進行交流賽籌備工作。此時歐道爾雖然還繼續在球場上擔任球員，但同時另一個身份，可說是讀賣新聞社的「海外顧問」。原本這個工作，應屬於賀伯・杭特所擔任。不過因為他在對日美交流賽的理念上，與正力有著很大落差，所以雙方在沒有達到應有「共識」下，不歡而散，因此這項重任，自然就落到歐道爾的身上。[53]歐道爾繼杭特之後，成為日美棒球雙邊的協調人。同時，自己也在一九三三年（昭和八年）與讀賣新聞社簽約，正式成為這次交流賽籌備委員之一。一九三四年第二次日美交流賽，就在讀賣新聞社與歐道爾共同努力下，成功舉辦。歐道爾對日本野球的貢獻，不僅讓《讀賣新聞》給予他「鐵腕巨人」的稱號，連美國報紙*Sporting News*，也認同他為日美棒球交流奠下和平的基礎。[54]在這次日美交流賽後，歐道爾就成為日本職業野球發展黎明期上，一位重要人物。他不僅是促成兩年後職棒成立的功臣之一，同時他也是在一九四九年，二戰後首次日美交流賽，美國代表隊的總教練（不過這支球隊並非是大聯盟球隊，而是三A級，詳見第四章〈邁向新道路〉一節）。由他所帶領的美國隊，也在戰後，重新藉由棒球，連結日美雙邊友好關係。從職棒創立，再到擔任日美和平交流的重要使節，歐道爾與日本職業棒球所發展出的「深厚」情誼，也讓他在二〇〇二年，以「特別表揚」的形式，入選日本野球名人堂。[55]

野球界的「黑船來襲」：「世界第一」美國棒球明星隊的到來

一九三一年的日美對抗賽，不僅成功打開日本野球的「國際視野」，也間接打響讀賣新聞社在日本的知名度。因此，籌劃第二次日美交流賽，早已成為正力松太郎一直埋在心中的目標。首次的交流賽，雖然成功邀請到美國職棒明星隊來到日本，但是卻有一位重量級球星無法到來，因此讓正力耿耿於懷。世界的「全壘打王」貝比・魯斯，一次也好，希望日本熱愛野球的球迷能夠親眼見到他，正力可說是花費不少心力與美國方面交涉，就是希望能夠讓這位「全壘打王」能親臨日本，讓日本球迷體會真正的棒球巨星。

經過兩年的籌備，在一九三四年一月一日這天的《讀賣新聞》上，就標示著今年的秋季，美國代表隊將再次來到日本訪問的訊息。[56]而到一九三四年（昭和九年）的七月十八日，《讀賣新聞》在他們當天的早報上，寫有：

> 全國野球球迷期望的貝比・魯斯要來了！將與現役全壘打王法克斯一起，在今年秋天一同轟動我國棒球界。[57]

此消息一出，立刻引爆日本球迷瘋狂討論。尤其在日本球迷多年的期盼下，「全壘打王」貝比・魯斯同意讀賣新聞社的邀約，將在年底與美國隊一同來到日本，這對當時日本棒球迷來說，是極為值得高興的大事。

除新聞消息傳播外，透過宣傳與海報介紹，更可以讓球迷感受到那股視覺上的震撼。而且從《讀賣新聞》所出版美國隊的介紹手冊，攤開這份名單，清楚知道美國代表隊在選拔人才上，是非常具有誠意。除了有日本球迷引領期盼的「全壘打王」貝比・魯斯外，曾經參與第一次交流賽，且對日本保持好感的「鐵馬」葛里格又再一次造訪，甚至還有繼魯斯之後，撐起美國職棒全壘打王稱號吉米・法克斯（Jimmie Foxx, 1907-1967）。以上三人，在職業生涯裡，一共取得美國聯盟四次打擊王、十七次全壘打王、十四次打點王的頭銜，可說揚威於一九二〇年到一九三〇年的美國職棒界重量級巨星。而這次來訪的教練與球員裡，包含他們三人在內，共有七人在日後獲選進入古柏鎮的棒球名人堂。這樣的陣容，足以堪稱是「世界第一」的球隊一點也不為過。[58]

面對如此誠意十足的美國代表隊，使得日本方面在球員選拔上，自然也不能夠馬虎。在「不能失禮」的情形下，對於這支「世界第一」大聯盟選拔隊，日本也早已想好應付的辦法。既然受制於《野球統制令》而無法招募到頂尖的大學球員參與，那就以已經畢業的「社會人」（這些人也多半來自於過去各大學的優秀球員，當中也有不少人曾經參與第一次日美交流賽）來組成代表隊。或許是早在當年一月，刊在讀賣新聞上「日美大野球戰」的報導，使得多位在高中已經是超級巨星的球員也躍躍欲試。[59]當中，包含澤村榮治（Sawamura Eiji, 1917-1944）與白俄羅斯人史達魯賓（Victor Starffin, 1916-1957）這兩位未來日本職棒黎民期，最頂尖的投手。不過礙於《野球統制令》的影響下，具有學生身份的球員，是被禁止不能參與具有商業性質的比賽，於是在讀賣新聞社邀約下，兩人都決定中途退學，拋棄學生身份，以便參加日本代表隊。[60]

與首屆日美交流賽不同之處，是這次比賽不論在知名度與宣傳上，都比前次來得更為響亮。主因在於日本球迷因為上次交流賽，已經對美國棒球有初步認識，因此當第二次日美交流賽確定開辦，自然就能夠引起球迷們共鳴。當然，讀賣新聞社的全國知名度也是關鍵因素之一。在首次舉辦的一九三一年（昭和六年），《讀賣新聞》平均一天日售量，僅僅只有二十二萬份，而到一九三四年（昭和九年）時，已經有一日近五十萬份以上的銷售量，因此可以預估，想對職業野球認識的球迷，是與日俱增，報紙銷售量的增加，等於是對新聞社報導一種正面肯定，因此正力有意願再次籌辦交流賽。從這可知道，他相信透過報紙量的持續增長，使得在傳播日美職業棒球的相關知識上，已經有長足進展，並且在日本球迷心中，對第二次日美野球對抗賽，自然就存有一種盼望與期待。[61]而當時要清楚並大量吸收有關美國代表隊來日的訊息，《讀賣新聞》絕對是「首選」，就以首屆日美交流賽在各大報的訊息數量來看，《讀賣新聞》可說是一枝獨秀（表2-3），因此可以預估，第二屆的日美交流賽，必然可以為讀賣新聞社打響更高知名度。

在讀賣新聞社積極宣傳下，球迷所期盼的美國代表隊，就在十一月二號這天，抵達橫濱。登上日本國土後，美國代表隊球員，加上隨行人員一共三十七人，就在讀賣新聞社的安排下，自橫濱搭乘火車前往東京車站。當他們走出東京車站後，馬上就被大批的日本球迷給團團包圍，如此盛大場面可說是前所未見。同時，熱情的球迷也在遊行兩旁揮舞著日、美兩國國旗，以及高喊「貝比・魯斯，萬歲」的口號。[62]這樣的場景，其實在當時時空背景下，是非常弔詭。其原因在於一九三三年（昭和八年）時，日本因為國際聯盟介入「九一八事變」的調查，最後在李頓調查團

表2-3｜1931年（昭和六年）日美棒球大賽的東京各報的報導狀況

報紙	消息／照片（10月）	消息／照片（11月）	消息／照片（總計）
讀賣新聞	68／129	132／106	200／235
東京朝日新聞	6／3	21／8	27／11
東京日日新聞	4／5	14／8	18／13
報知新聞	2／4	14／11	16／15
國民新聞	4／3	23／4	27／7
時事新聞	2／4	14／6	16／10
都新聞	4／0	16／6	20／6

資料來源：參考尹良富，〈巨人軍の創設とプロ野球報道に關する一考察：読売新聞と東京朝日新聞との比較〉，收入於《一橋論叢》，第117卷，第2號，（東京：一橋大學，1997年2月），頁281。

（The Lytton Commission）的報告書顯示，日本所扶植的滿洲國，被認定是一個傀儡政權，而不承認其存在。儘管日本自己與滿洲國簽有《日滿議定書》，但名目上雖貴為獨立國的滿洲國，實際上，可說是百分之百日本殖民地。[63]當然，日本必定會有自己單方面的解釋，如當時外務大臣的內田康哉（Uchida Yasuya, 1865-1936），就以中國並非有組織的區域，以及中國國內不穩定因素，日本為了維繫東亞長久的和平，才「協助」創建滿洲國。[64]當然，這種解釋最終並不會被承認，因此，在不滿意李頓調查團的調查結果後，日本憤而退出國際聯盟。再加上這次比賽前的十月，日美雙方因為《華盛頓海軍協定》對於軍艦持有的多寡產生意見上分歧，在國際上可說鬧得非常不愉快。[65]種種因素，使得日本對歐美各國原本所持有的反感，更加升溫。

所以這個時間點來到日本的美國隊，彷彿與第一次交流賽狀況是相同，都是日本在國際上有軍事野心時，美國隊才願意接受邀約。雖然筆者這樣推論並不一定合乎事實，但是從美國代表隊團長孔尼・梅克（Connie Mack, 1862-1956）的話語中，多少能感受到美國這次來日本的用意：

> 這次球隊的隊員們，打從心底的期盼來到日本訪問。也更深的確信日美兩國的友好關係。[66]

能不能真的做到維繫日美友好這很難說，但至少可以知道，當美國隊來到日本時，並非受到日本人的嚴加拒絕，反而是張開雙手擁抱這來自遠方的異國人。也讓在日本走向國際孤立的道路上，增添一個特殊的景象。

而提到這次交流賽，在日本全國各地，總共一二座球場，舉辦高達一八場比賽（表2-4）。[67]而這次比賽的結果，似乎也複製了第一次交流賽的成績。因為美國隊在這一八場比賽中，全都獲得勝利，而且在總得分上，一共取得一八二分，相較於日本隊只有三八分，兩隊差距足足相差近一百五十分，可知就實力上來說，日本隊還是遠遠不及美國隊。儘管日本隊仍舊被美國隊打得體無完膚，但是對日本球迷來說，卻大開眼界，因為美國隊帶來日本隊無法給予的全壘打狂歡秀。在一八場比賽中，美國隊一共擊出四七發全壘打，將日本隊轟得暈頭轉向，故又被日本球迷稱為「全壘打隊」。[68]當中，最受球迷矚目的「世界全壘打王」貝比．魯斯，果然沒有讓日本球迷失望。儘管已近四〇歲，而且正邁入球員生涯尾聲，但為了讓前來觀戰的日本球迷體會到美式全壘打魅力，魯斯在一八場全勝比賽中，擊出高達一三支的全壘打。而在整個系列賽的打擊率更高達四成〇八，另外有二七分打點，三項數據都是系列賽最高紀錄，可謂「三冠王」（可參考附表四）。[69]此外，不僅日本國內以大量新聞版面介紹這次大賽的盛況，依據從嘉農球員口述訪談中可得知，在當時為日本殖民地的臺灣球

表2-4｜1934年（昭和九年）日美棒球對戰紀錄表

日期	日本隊	比數	美國隊	球場
11/3	東京俱樂部	1－17	全美國	神宮
11/4	全日本	1－5	全美國	神宮
11/8	全日本	2－5	全美國	涵館
11/9	全日本	0－7	全美國	仙台
11/10	全日本	0－10	全美國	神宮
11/13	全日本	0－14	全美國	富山
11/17	全日本	6－15	全美國	神宮
11/18	全日本	4－21	全美國	橫濱
11/20	全日本	0－1	全美國	靜岡草薙
11/22	全日本	5－6	全美國	鳴海
11/23	全日本	2－6	全美國	鳴海
11/24	全日本	3－15	全美國	甲子園
11/26	全日本	1－8	全美國	小倉
11/28	全日本	1－14	全美國	京都
11/29	全日本	5－23	全美國	大宮
12/1	全日本	5－14	全美國	宇都宮

資料來源：參考ベースボール・マガジン社編，《日米野球八十年史》（東京都：ベースボール・マガジン社，2014年），頁115。

注：以上的比賽紀錄，並不包含兩場的日美球員混和的紅白對抗賽。

迷，也透過收音機，知道這次日美交流賽的相關資訊，更知道貝比・魯斯將到日本訪問。[70]

美國隊的到訪，對日本球迷來說，是打開他們野球的視野。但是對一般民眾來說則不然。尤其是在日本因對外侵略而導致民族情緒高漲的同時，美國隊的到來，無疑也是刺激日本人民的仇外情緒。更有人認為，正力積極籌辦比賽，是因為與美國有著深厚利益關係，是出賣國家的行為。此外，在昭和初期被塑造成日本精神象徵的神宮球場，因為讓美國隊到此比賽，更被視為對明治天皇的一種「褻瀆」，而被認為是對日本的一種羞辱與不敬。[71]種種解釋，都導向反對正力松太郎對日本野球的努力。更有甚者，發生有極端民族主義人士，在隔年二月二十二日，手持武士刀襲擊正力松太郎的謀殺事件。所幸正力只是輕微刀傷，並無大礙。[72]雖說暗殺事件發生的主因，是否如同上述說辭，筆者以為有待商榷。不過這場「意外」事件背後，卻也反應出日本國內已然出現對於「親美」行徑的反感。而正力松太郎被襲擊後所留下的鮮血，卻促成一年後日本職業野球聯盟的成立，可說對整個日本野球史發展來說，是極其珍貴。[73]

被塑造的英雄——澤村榮治

雖然日本隊在這一次交流賽成績依舊不盡理想，但是看在球迷眼中，相信日本野球即將有全新氣象。見識到美國棒球實力後，反而更加激起日本國內的民族意識。而燃起日本民族情緒的球員，僅僅只是一位十七歲的年輕投手——澤村榮治。

當年十七歲的澤村，與白俄羅斯投手史達魯賓，是日本隊陣中在入選前唯二具有高校生身份的球員。既然有機會在眾多選手中脫穎而出，成為全日本隊的代表投手，想必其球技早已經深受肯定。澤村在一九一七年（大正六年）出生於三重縣的宇治山田市（今日的伊勢市），其野球天賦在就讀小學時就開始嶄露，並協助球隊贏得全國少年野球大會優勝，因而在一九三一年（昭和六年）以優異的球技，進入京都商業（京都學院高校）就學。[74]澤村進入京都商業就讀的這年，正好也是該校野球部的創始年，所以澤村也順理成章成為該校野球部的創始隊員之一。而京都商業也因為有他精彩表現下，在一九三四年（昭和九年）時，完成春夏甲子園連續出場。只可惜在夏季甲子園首戰，京商就以一比三輸掉比賽，不久，澤村也在尚未畢業前，就離開學校。因為這時讀賣新聞社，早已經準備一個大舞台，在全日本代表隊的第二批入選名單中，選入澤村，等著他在球場上展現他的球技。

論及澤村榮治在第二次日美交流賽的代表作，首推就是十一月二十號，在靜岡草薙球場所舉行的第十場比賽。這場比賽之所以被日本的野球歷史流傳為佳話，主因是當時年僅十七歲的澤村榮治，面臨到這些已經縱橫沙場多年的美國大聯盟球星，可說是抱著「初生之犢不畏虎」的精神，在先發七局裡，不僅投出九次三振外，更包含在第一、二局，連續三振貝比・魯斯在內，美國隊四名的中心打者，震驚四座。[75]儘管被葛里格擊出一支全壘打，使得日本隊最後以零比一的比數輸掉球賽。但看在球迷的眼中，都為他報以最熱烈的掌聲。因為澤村這場精采表現，代表著日本野球是有實力，能夠與美國隊一較高下。隔天《讀賣新聞》，就給予澤村一個斗大的讚嘆標語：「確實大聯盟級，『日本第一』的好投」，充分說明澤村這場精彩的投球表現，足以具備「大聯盟水準」的實力，以及有著「日本第一」投手的稱號。[76]雖然僅就一場球賽，就將日本隊選手的實力，定位在與美國大聯盟選手相同的位置上，似乎有些牽強。不過在某種層面上來說，卻也給予日本球員及球迷一些精神上的打氣，緩和前九場比賽，慘輸給美國隊的窘況。

但如果將整個系列賽都列出來，會發現只有這一場靜岡的比賽讓美國隊得到一分，其它比賽似乎只能以「慘敗」一詞來形容。但看在日本球迷眼中，則不然，因為這一場比賽，已被定位成日本野球與美國棒球之間，是沒有很大的差距，甚至是有贏球機會。而澤村這一場「歷史性」的投球，更代表日本野球實力不輸美國的最佳象徵。但是在日本野球史作家大和球士筆下，卻早已經將這個「神話」打破。因為澤村在這場比賽前，就已經有兩場出賽的紀錄，而那兩場詳細的成績可從《讀賣新聞》上所得知，其中一場球賽還承擔敗戰投手，但是這段過程似乎被刻意淡忘，僅僅對靜岡這場比賽記憶猶新。而澤村也因為這場比賽的精采表現，使他在日本野球史上，投手中最崇高地位，就此確立。

對比首屆交流賽日本媒體以葛洛夫在第二場比賽的連續六次三振，塑造出美國棒球的實力，並對之產生敬仰與崇拜。而到了這次，則是打造出像澤村這樣「傳奇」表現，透露出日本在野球場上，不願輸給美國隊的決心。[77] 職棒成立前這兩次日美交流賽，已經讓日本展現出與美國在球場上的友好。職棒成立後，兩國職棒也不定期舉辦日美交流賽。日本一方面從比賽中學習美國棒球的技術，一方面也嘗試著從競賽中贏過美國。從對美國文化的崇拜，進而衍生到以「他者」的文化勝過帶源者。澤村對美一戰，顯示出日本在昭和時期，也開始出現對歐美文化霸權的抵抗。

而在交流賽結束後出現一個小插曲，就是有美國球隊看上澤村榮治在日美交流賽的表現，希望他能夠赴美挑戰大聯盟。在美國隊結束日本的行程，前往菲律賓的馬尼拉比賽時，總教練梅克就在《讀賣新聞》駐馬尼拉的記者訪談中，特別提及澤村榮治，認為澤村只要能夠在磨練個兩三年，就有很大的機會進軍大聯盟。[78]而大聯盟球隊當中的匹茲堡海盜隊（Pittsburgh Pirates），更願意與澤村簽約，期望他能夠到美國效力海盜隊。但結果卻被澤村所拒絕，原因在於澤村對美國記者的回答：

> 我的問題是我討厭美國，而且不可能使我自己成為美國人。[79]

這句衝擊性回答在被報導出來後，立刻引起了不小的話題。如果從現今的觀點來看，會認為澤村的選擇是不明智。因為美國職棒，不論球員的薪水與聯盟制度，在當時都具備一定程度的發展，比起當時仍尚未成形的日本職業野球聯盟，為了未來能夠作為一位「職業」運動員，是可以考慮前往美國發展。但是放在當時歷史脈絡下來看，儘管美國棒球水準遠比日本高出許多，但是礙於日美雙方在國際上關係不穩定的情況下，澤村選擇回絕，是可以理解的。雖然日本在一九三〇年代時，在國際社會眼中，是帝國主義的實踐者，但看在日本眼裡，美國也是一個具有帝國主義內在的國家。美國那具有「和平」的表象，對日本來說，也可以是另一種形式的對外侵略。

從這兩次交流賽我們可試著理解，在美國代表隊來日的過程裡，不單純只是文化上的交流，在當時國際情勢下，反而可視體育為一種維繫和平方式的手段。只可惜，在抱持「樂觀主義」立場下的美國，以棒球作為美國外交政策的載體，參與兩次的日美棒球交流賽，試著以棒球交流方式來消除日本侵略的野心，最後是以失敗收場。[80]

日本職棒聯盟的成立

一九三四年日美交流賽，讓日本球迷見識到魯斯等美國棒球明星，所象徵美國壓倒性的力量。前者深刻體會到，日美棒球在技術層面上，仍有一段極大差距。但是看著澤村榮治所秉持日本精神，與不畏強權的氣魄，反而更加激起日本向美國挑戰的自信。

如果日本要在球場上與美國有著一較高下的機會，勢必得成立自己的職業聯盟。邀請美國隊到日本進行比賽的正力松太郎，除了希望日本球迷能夠欣賞到世界最高水準棒球外，也是喚醒球迷需更加重視野球運動的發展。而成立職業野球聯盟，便是在日美交流賽後的首要任務，並且刻不容緩。

交流賽的成功，使正力松太郎更加堅定自己創立職棒聯盟的信念。但是在過去的日本歷史上，不曾有這樣一個以「職業」為發展的野球組織存在，是故，當正力拋出這樣一個構想時，並沒有立即性得到響應，更別說是有財團願意回應這項計畫。因此作為聯盟提倡者的正力，就決定以這支日本隊為班底，成立第一支職業野球隊，也就是「大日本東京野球俱樂部」（Dai Nippon Tokyo Yakyuu Kurabu）。成立後的大日本東京野球俱樂部，先是前往美國，展開長達半年的征戰，而同時間的國內，正力則是積極地邀約其他財團，一同參與聯盟的運作。雖然中間協商、討論的過程並非一帆風順，但最後的結果，還是達到正力的期望。

當有第一支職棒球隊出現後，看準職棒能為母企業帶來名聲與商機，其它公司企業也在一九三五、一九三六這兩年間，陸續成立球隊，使職棒聯盟正式成形。

作為職業球隊的領頭：大日本東京野球俱樂部

在一九三四年交流賽開打前的六月九日，以讀賣新聞社社長正力松太郎為首，加上大隈信常、市岡忠男、鈴木惣太郎等六人，於東京銀座的菊正大樓四樓，宣布成立「大日本東京野球俱樂部」。而在日美交流賽過後十二月二十六日，正式開始運作，並且宣告日本第一支職業野球隊的誕生，這一年也是公認日本職業野球的元年。[81]

作為日本首支職業野球隊的「大日本東京野球俱樂部」，其教練團與球員的挑選，原則上就是以第二次日美交流賽日本隊球員為班底所組成。如在交流賽引起話題的澤村榮治與白俄羅斯人史達魯賓，或者像水原茂（Mizuhara Shigeru, 1909-1982）、中島治康（Nakajima Haruyasu, 1909-1987）等大學時代的明星球員，也都是球隊創立初期的重要球員。[82]除了這些原日本隊隊員作為球隊的班底，正力另外邀請剛自美國職棒退役的歐道爾，作為球團顧問，希望藉由他在美國方面的人脈，使大日本東京野球俱樂部能夠持續與美國維繫良好的關係。[83]

如同先前所敘述，成立職棒隊一直是正力松太郎的願望。他有感於雖然在日本歷史上曾經有過職棒隊，但最後卻以失敗收場，深感痛心。而在成功興辦第二次日美交流賽後，就意識到當下是讓野球隊能夠企業化最好的時機。作為日本最多觀眾，以及普及率最高的大眾運動，為了使野球有著更健全、完善的發展，成立職業球隊是最可行的方式。野球在日本歷史長久的發展下，加入日本獨有的武士道精神，並且養成自由的競爭與團結心，進而努力達到精神與技術相聚合的最高水準。其最終的目標，便是能夠在日美之間，舉行世界選手權的爭霸戰。而職業野球的創立，能對國民增強體質、寄予振興國民精神、日本民族的進步、日本國家發展有所貢獻。[84]

從上可知，對於職業野球隊的創立，排除以商業為優先考量，而是針對日本國家發展為第一優先。從這點來看，昭和時期的日本社會，在經歷戰爭的過程中，逐漸與起凝聚國民力量，以國家為第一優先的思想，在這個時空脈絡下得到強化。國家高度發展，即是向外國展現日本實力的具體實現。同樣地，如果成立正式職棒聯盟，便是俱備未來能與美國有著同樣的棒球實力，就等於跟美國有著同等地位。而職業野球發展的最終目標，便是期許要透過在相同條件的棒球場上，勝過美國。而正力成立職棒的想法，也在日後成為日本職業野球聯盟創立的綱領。[85]

當想法具體實現後，接下來就是要如何推廣「大日本東京野球俱樂部」這支職業隊，來引起其它企業的注意與效法。而正力所採取的方式，便是讓這支球隊前往美國各地進行比賽。在鈴木惣太郎與顧問歐道爾兩人安排下，決議在一九三五年（昭和十年）二月，前往美國，展開為期長達五個月的海外「遠征」。選擇美國，主要還是在於希望藉由與美國棒球隊的切磋，學習到棒球新技術與新觀念。另一方面，在當時日本國內，除大日本東京野球俱樂部這支「職業隊」外，其餘球隊都是大學球隊，或者是一般性地方球隊。如果要突顯「職業」與「業餘」差別，那大日本東京野球俱樂部就只能選擇到海外與國外職業球隊進行比賽，才能表現出作為職業隊的「正當性」。從一月十四日起到二十日，大日本東京野球俱樂部在靜岡草薙球場進行特訓。這座球場，便是當初澤村榮治讓日美兩國驚艷的地方。選擇以此地做為美國遠征的練習場所，似乎希望能像那場比賽一樣，為他們這次的遠征，帶來精神上加持。[86]

當一切準備就緒，在二月十四日這天從橫濱港出發，於二月二十七日抵達舊金山，再到七月十七日回到國內，近五個月的時間裡，一共進行一百一十場比賽，取得七十五勝、三十四敗、一場和局的好成績。而這次遠征的對手，主要是以美國大聯盟旗下的二A球隊，分屬於太平洋灣岸聯盟（Pacific Coast League，簡稱PCL），以及加拿大、墨西哥等地的半職業球隊。[87]

不過比起追求成績上的表現，這次遠征，對職棒初期的影響，反而是在球隊的命名。當歐道爾在舊金山迎接提前到美國的鈴木時，歐道爾就問鈴木這次赴美的隊名如何稱呼，到時方便他作為比賽宣傳之用。鈴木那時便以英文告知歐道爾球隊名稱為「Dai Nippon Tokyo Yakyuu Kurabu」，不過這個名稱，就歐道爾個人看法來說，實在過於冗長，而且對於美國球迷來說，也不好記住。於是他建議鈴木可考慮為球隊取暱稱，這樣較能使球迷記得。鈴木聽從歐道爾的說法後也認為有道理，於是他自己另外想出許多日本式名稱，如大和、富士、蜻蜓等，但都認為不是很理想。於是歐道爾就反問鈴木，在日本最受歡迎的美國球隊是哪一支？鈴木回答是「紐約巨人」（按：紐約巨人〔New York Giants〕成立於一八八三年，在後來於一九五八年遷往西岸的舊金山，即今日之舊金山巨人隊〔San Francisco Giants〕）。歐道爾立刻就說：「東京巨人如何？」（東京ジャイアンツ，Tokyo Giants），鈴木隨即答應到：「好名字！」於是雙方一拍即合，就將這支球隊取名為「東京巨人隊」。很快鈴木就以電報回傳給在日本的社長正力松太郎，也立刻得到他允諾。於是「巨人隊」，就成為日本第一支職業球隊的暱稱，比起「大日本東京野球俱樂部」，更容易讓球迷記住。「巨人隊」的命名，除了鈴木以「紐約巨人」為範例稱呼外，筆者以為，應與歐道爾自身背景有著極大關聯。因為歐道爾在球員時代，就曾經是紐約巨人隊的一員。除此之外，歐道爾也是在前一年從巨人隊退休，可說是有一種不捨的情感在心裡頭。因此從歐道爾以「巨人隊」命名這一支日本球隊時，從中可感受出他對這支球隊的期盼，甚至是未來日本職業野球的發展。[88]

海外征戰的成功以及美國式的命名，都讓東京巨人隊的名聲開始在日本傳開。回到日本後的巨人隊，並沒有結束他們的征戰，反而繼續在國內進行巡迴比賽。一來提升國人對職業球隊良好觀感，一來也設法讓其他企業，看到巨人隊的努力，進而一同響應職棒聯盟的設立。

「日本職業野球聯盟」的成立

隨著巨人隊在國內知名度的提升，以及看到從賽事中所帶來的經濟效益，許多企業都開始考慮投入職棒圈的經營。不過最重要的一點，還是正力松太郎不斷以遊說方式，尋求企業的認同。

當中最早響應的企業，是來自大阪的阪神電鐵。阪神電鐵所以響應正力邀約，組織球隊，一來是巨人隊為了在國內能有首支的競爭隊伍，所以積極邀請阪神電鐵的加入。二來是阪神電鐵在經歷兩次日美交流賽所看到龐大商機，以為職業球隊的比賽，是能夠為企業帶來另一種額外收入。[89]因此阪神電鐵就在一九三五年底，也成立他們的球隊——大阪野球俱樂部，隊伍名稱是大阪虎。他們的隊名，是仿效美國職棒中的底特律老虎隊而來。[90]

大阪虎隊在十二月二十日創立後，不到三個月光景，陸續有五個企業也分別投入職業隊的創立，分別是新愛知新聞社、西武電鐵、阪急電鐵、國民新聞社，以及名古屋新聞社等五間公司。如果加上先前的讀賣新聞社以及阪神電鐵，這七間公司，有四間與新聞社有關係、另外三間則是與鐵路社有關聯（表2-5），這可說是當時日本社會背景下所產生的現象。

當確定有七支球隊時，彼此很快便達成共識，選擇在一九三六年的二月五日這天，在東京丸之內的日本工業俱樂部內，舉行創立總會，並將總會名稱訂為「日本職業野球聯盟」。[91]

野球自一八七二年傳入到日本的六十年後，終於成立第一個職棒聯盟，可說是野球界，甚至是日本體育界的大事。但是對於職棒聯盟創立一事，並非所有的輿論，都是給予正面的評價。如被日本野球界尊為「學生野球之父」（另有一說是指安部磯雄）的飛田穗洲（Tobita Suishu, 1886-1965），他就是持反對意見的代表。

表2-5｜日本職業野球連盟最初創立球隊一覽表

球隊名	創史年月日	公司	商號
東京巨人軍	1934/12/26	讀賣新聞社	大日本東京野球俱樂部
大阪虎	1935/12/20	阪神電鐵	大阪野球俱樂部
名古屋軍	1936/1/15	新愛知新聞社	大日本野球聯盟名古屋協會
東京參議員	1936/1/15	西武電鐵	東京野球協會
阪急軍	1936/1/23	阪急電鐵	大阪阪急協會
大東京軍	1936/2/15	國民新聞社	大日本野球聯盟東京協會
名古屋金鯱軍	1936/2/28	名古屋新聞社	名古屋野球俱樂部

資料來源：日本野球聯盟編，《日本野球競技記錄》（東京：博文館，昭和17年〔1942〕），頁3；鈴木龍二著，《鈴木龍二回顧錄》，頁20-28。

飛田以為，野球在日本發展以來，其在「武士道」精神下，應該要遵行傳統所謂「精神層面」（武士道的修養、鍛鍊主義），而非重視「物質層面」（也就是要質樸簡約）。於是飛田以「興行野球與學生野球」為題，一連四天（一九三六年三月十五日到三月十八日）刊登在《朝日新聞》上，來抨擊職棒聯盟成立一事。其主要內容在於體現日本野球的精神，是業餘野球，反對「買賣人」將日本野球引入到商業表演化的「邪道」。[92]

對於飛田這般言論，作為日本職棒發起人的讀賣新聞社，自然不能接受這樣的說法。時任巨人隊總教練的市岡忠男，也在不久後的三月二十七日，在自家《讀賣新聞》版上，以「駁斥球界暴論」為題加以反擊。市岡首先說明，職業野球並非是不正當的「雜技野球」，而是「注入大和魂，日本獨特式野球」，更重要地，職業球團是承擔著「帝國躍進」的使命。[93]

儘管雙方對於職業野球的定義有著顯著差異，但不可否認，都還是有著「共同」的野球觀。尤其是在「武士道」與「大和魂」上，都給予至高的評價，只是對野球在態度與理解上，有著分歧。但是本質上，皆是在擁護「日本式野球」。[94]表面上，這場筆戰看來是對日本野球在往後發展道路上，所掀起的爭論。但實質上，卻也可以看成是朝日新聞社，為了抑制讀賣新聞社因野球而增加銷售量所給予的打擊。[95]從這點看來，那些持反對立場的人士，之所以打從心底討厭職業野球，原因可能在於是認知上的不足，加上為了急於組成職業球隊，以金錢誘惑在學學生，種種行徑，看在許多學生野球關係者眼中，很是反感，因此才會有這樣的衝突。[96]

但不論場外如何爭論，仍無法抵擋成立職棒聯盟這一股潮流。面對到社會轉型、頻繁日美野球交流，為使日本野球能有更進一步發展，在美國影響下，野球也必然走上「職業」一途。

小結

野球發展自大正時期，出現明顯轉變，意即野球運動在日本的發展，逐漸由精英階層走向大眾，這也代表日本民眾逐漸接受這來自西洋的文化。

透過從一高時期由中馬庚創造出具有日本特色詞語的「野球」，已然代表棒球運動在日本的深耕。接著在大正時期，因為日本正走向國家穩定成長，教育制度普及，野球不再僅是少數人的休閒娛樂。一但受眾增加，相關野球活動也就跟著出現。著名如「甲子園」，或者是「東京六大學聯盟」等，都在此時期得以蓬勃發展。

另外，隨著國際政治的不安定，野球也在此時被賦予「維繫」和平的任務，尤其是在日美兩國之間。透過棒球作為交流的媒介，又可分為公開與非公開這兩個模式。前者就如讀賣新聞社所辦「日美交流賽」，後者則是大學間自行所辦對抗賽。這兩種形式，都帶有不同目的。以後者來說，主要是透過大學之間互動，學習野球新觀念與新技術，而前者，則是偏重娛樂層面。

正力松太郎在昭和初期舉辦的兩次日美交流賽，其目的是讓日本球迷欣賞世界最頂尖的棒球表演，使球迷認知「職業野球」存在的必要，為他鋪好日後發展職棒的契機。以創立聯盟為第一要務，是日本的想法，然而，受邀的美國則不然，他們反而將此行目的，視作和平的表現。尤其在一九三〇年代，法西斯主義興起，為降低國際戰爭發生的可能性，美國組織他們棒球大使到世界各地，其中，日本就是他們散播「和平」理念最主要的國家之一。是故在日本發動「九一八事變」以及「退出國際聯盟」後，欣然接受讀賣新聞社的邀約，就是希望透過運動比賽的交流，來讓民眾忘記國際政治上的侵擾與日漸高漲的帝國主義。

然而在日本民族情緒高漲的時期，即便是野球，也無法消除民族意識所造成的緊張情緒。因為透過野球比賽，反而還使日本國族情緒更加激化。雖然在國際情勢越緊張的時候，透過舉辦體育競賽，來進行國與國之間的文化交流，其目的是減緩雙方對戰爭的渴望。不過也可能會造成反效果，而更加刺激雙方民族意識。在交流賽中，看著美國以強大的打擊擊潰日本的防守，假使投射在戰場上，就是美國軍隊擊敗日本軍隊一樣，看在日人眼中，就不是很受滋味。雖然能夠見識到美國所帶來職業野球的面貌，但是卻也讓日本承受在球場上，不如美國的殘酷事實。

在球場上不願服輸的日本，為了期許未來能與美國隊一爭世界冠軍，於是成立

「日本職業野球聯盟」。除了表示日本對野球這項運動的重視，同時，也將野球視作為與美國抗衡的軟實力。這樣的思維，至少在一九三七年，日本侵華戰爭前是如此。而這時野球在日本的性質，仍屬於大眾娛樂的一環，不過等到戰爭爆發後，野球在球場的功能即刻轉向，轉變成為戰爭所服務的工具，這也讓野球這項運動，因此失去它原有的純真。而在下一章，讀者將看到野球在戰爭期間的發展，尤其在日本「軍國主義」下，如何操作野球作為支持戰爭的利器。

本章註

1 John Whitney Hell著，鄧懿、周一良譯，《日本史》，頁二二二—二二三。

2 Paul Kennedy著，張春柏、陸乃聖譯，《霸權興衰史：一五〇〇至二〇〇〇年的經濟變遷與軍事衝突》，頁二四八。

3 Fanon Frantz, Pref. by Jean-Paul Sartre, Translated by Constance Farrington, *The Wretched of the Earth*, New York: Grove Press, 1963, c1968. pp.148-205；Edward W. Said著、蔡源林譯，《文化與帝國主義》（新北市：立緒出版，二〇一四年初版），頁四八八。

4 Eric J. Hobsbawn著、鄭明萱譯，《極端的年代（上）》（台北市：麥田，一九九六年），頁五十三。

5 Warren I. Cohen主編、王琛等譯，《劍橋美國對外關係史》（北京市：新華出版社出版，二〇〇四年），第三卷，〈美國的全球化進程（一九一三—一九四五）〉，頁六十一—六十六；Gary B. Nash等編著、劉德斌主譯，《美國人民：創建一個國家和一種社會（下卷）》（北京：北京大學出版，二〇〇八年第一版），頁七三五—七三六。

6 有關日本在一戰後對國際秩序的應對，及美國為了建立新的遠東和平秩序，可參考王立新著，《意識形態與美國外交政策：以二十世紀美國對華政策為個案的研究》（北京市：北京大學出版，二〇〇七年），頁二八五—二九九。

7 加賀秀雄，〈わが国における一九三二年の学生野球の統制について〉《北海道大學教育學部紀要》，（五十一），一九八八年，頁一—一三。

8 〈本社主催全国優勝野球大会〉，《大阪朝日新聞》，第一二〇〇五號，一九一五年七月一日，木曜日，一版。

9 有山輝雄著，《甲子園野球と日本人：メディアのつくったイベント》，頁七十—七十一；森岡浩，《高校野球一〇〇年史》（東京都：東京堂，二〇一五年），五十四—五十六。

10 尹良富認為，這是在中等教育擴充政策推波助瀾下，支持基盤擴大至全國，學校以此為基礎促成野球部門的建立。高校野球隊的增加，因此也提高校與校之間的對抗。尹良富，〈巨人軍の創設とプロ野球報道に関する一考察：読売新聞と東京朝日新聞との比較〉，《一橋論叢》第一一七卷第二號，（東京：一橋大學，一九九七年二月），頁二七八。

11 有關大阪朝日新聞所辦「全國中等野球大會」的發展過程與其比賽所要表達的精神象徵，可參照有山輝雄著，《甲子園野球と日本人：メディアのつくったイベント》，頁七十一－一三八。而在中文著作上，則可參照謝仕淵著，《「國球」誕生前記：日治時期台灣棒球史》，頁一一三－一一八；林丁國著，《觀念、組織與實踐：日治時期臺灣體育運動之發展》（新北市：稻香，二〇一二年），頁二五五－二六六。

12 自一九一五年朝日新聞創辦「全國優勝野球大會」後，除了以本島球隊為主，之後也陸續加入當時日本殖民地的學校，如中國東北（滿洲大會）、韓國（朝鮮大會）、臺灣（臺灣大會）。不過因為在滿洲與朝鮮反殖民氛圍較於強烈，所以鮮少有殖民地的學生參與。而臺灣方面，因為有一九三一年嘉義農林拿過第十七屆「全國優勝野球大會」的亞軍，被日本殖民政府視為在殖民地教化臺人的成功，而特別在一九三〇年代被日人重視。湯川充雄著，《臺灣野球史》，頁三三八。

13 尹良富著，《日本報業集團研究》（廣州：南方日報，二〇〇五年五月），頁八十一－八十二；森岡浩著，《高校野球一〇〇年史》，八十一－一〇八。

14 竹村民郎著、林邦由譯，《大正文化：帝國日本的烏托邦時代》（台北：玉山社，二〇一〇年），頁一三一－一三二。

15 然而隨著近來日本少子化等因素的影響，近幾年參與夏季甲子園的學校有逐年減少的跡象，最近一次有四千校參與的是第九十三回大會（二〇一一年），一共有四〇一四校。之後年年下滑，到前年第一百回大會，更只有三七八一校。

16 蘆田公平著，《六大學リーグ戰史》（東京：誠文堂，昭和五年（一九三〇）），頁十八－二十五。

17 蘆田公平著，《六大學リーグ戰史》，頁二十六；大和球士著，《野球五十年》，頁一〇二－一〇四；池井優著，《白球太平洋を渡る：日米野球交流史》，頁四十九－五十一。

18 加賀秀雄，〈わが国における一九三一年の学生野球の統制について〉，頁四。

19 加賀秀雄，〈わが国における一九三一年の学生野球の統制について〉，頁四。

20 菊幸一著，《「近代プロ・スポーツ」の歴史社会学：日本プロ野球の成立を中心に》，頁一一一。

21 人物評論社編，《財界闘将伝：次代に生る者》（東京：人物評論社，昭和十三年（一九三八）），頁五一六；李明水著，《日本新聞傳播史》（台北：大華晚報，一九八〇年再版），頁二四一。

22 虎門事件，發生於日本大正十二年十二月二十七日，為一樁恐怖攻擊行動。當時一位山口縣國會議員之子，名為難波大助（なんば だいすけ，一八八九－一九二四）的日本共產主義者，在東京虎之門附近，對著當時正主持完國會開會儀式的皇太子（即日後的昭和天皇）投擲炸彈，但並未確實擊中到太子，而自己也在當場就被警方逮捕。這起驚動皇室事件，導致當時內閣山本權兵衛（Yamamoto Gonnohyōe, 1853-1933）請辭，而時任內務省警務部長正力松太郎，也一同請辭。李明水著，《日本新聞傳播史》，頁二四一；《ジャイアンツ栄光の七〇年 感動の記憶が今、蘇る》（東京：ベースボール・マガジン社，二〇〇四年），頁九十八；尹良富著，《日本報業集團研究》，頁一六六。

23 當時後藤新平借給正力松太郎十萬元去買下讀賣新聞社，一來是希望正力可以走出因虎門事件而請辭的陰霾，二來是後藤當時非常極力栽培新生代的人才。這十萬元是後藤新平將房子抵押擔保的借貸所得，不需要正力償還。而正力得知當初這筆錢來源後，已經是後藤過世之後的事情，所以他非常感念後藤的提拔，或許因為有這樣一段往事，是故正力非常積極的辦好報社。司馬嘯青著，《櫻花・武士刀：日本政要與台灣五大家族》（台北市：自立晚報，一九八八年），頁一六五；尹良富著，《日本報業集團研究》，頁一六六；北岡伸一著、魏建雄譯，《後藤新平傳：外交與卓見》（臺北市：臺灣商務，二〇〇五年），頁二一一－二一三；波多野勝著，《日米野球の架け橋：鈴木惣太郎の人生と正力松太郎》（東京都：芙蓉書房，二〇一三年），頁九。

24 尹良富著，《日本報業集團研究》，頁一六六；濱田信夫，〈新聞経営の革新と大衆文化の演出：正力松太郎の企業家活動をめぐって〉，Visio 三三，二〇〇五年，頁二十五－二十六。

25 《ジャイアンツ栄光の七〇年 感動の記憶が今、蘇る》，頁九十八。

26 尹良富著，《日本報業集團研究》，頁一六七－一六九。

27 在尚未有日本職棒之前的一九二〇年（大正九年），就已經有日本第一支以「職業」為導向的野球隊——「日本運動協會」，俗稱「芝浦協會」。他們有專門的教練負責帶球員投球、打擊，甚至是上課。不過在一九二三年（大正十二年）遇到關東大地震，芝浦球場遭受嚴重損害，球隊一度解散。而到一九二五年（大正十四年），熱愛野球的阪急鐵道社長小林一三（Kobayashi Ichizō, 1873-1957）給予金錢上的援助，因此球隊改名為「寶塚野球協會」後重新出發。而新出發的「寶塚野球協會」，對於球員的修養及訓練是更加重視。每日的行程主要是早上學習野球規則、英語練習，而下午則是練球。不過當時國內能夠比賽的球隊數量少，加上一般大眾對於「野球是否能做為職業」的觀念薄弱下，最終寶塚野球協會也在一九二九年熄燈解散。中澤不二雄著，《プロ野球》，頁八十；《プロ野球七〇年史》歷史篇，（東京：ベースボール・マガジン社，二〇〇四年），頁八—十。

28 蘇進添著，《日本新聞自由與傳播事業》（台北：致良，一九九〇年），頁一〇八。

29 霍氏以為，大眾媒體透過訊息的報導及宣傳，可以凝聚人民的意識形態。加上二十世紀初，體育競賽成為人民慶典，政府為了有效「培養國家認同與形塑社群」，媒體與體育就結合在一起，大型運動比賽的報導，便成為國家人民觀賞的重點，因而提升國人對國家的向心力。而政府也將體育在國際上的表現，作為國力與民族的象徵。Eric J. Hobsbawm著、李金梅譯，《民族與民族主義》（臺北市：麥田出版，一九九七年），頁一九一—一九三。

30 尹良富著，《日本報業集團研究》，頁八十二。

31 從一九三一年（昭和六年）五月七日開始不定期連載，八月二日結束，總共九話。參考菊幸一著，《「近代プロ・スポーツ」の歴史社会学：日本プロ野球の成立を中心に》，頁二〇三—二〇四。

32 高正源著，《日本棒球發展史》，頁十一—十二。

33 魯斯本人在季末參與自己的舞台劇製作，而沒參加到這次比賽；另有說法是出場費談不攏而婉拒。中澤不二雄著，《プロ野球》，頁八十；高正源著《日本棒球發展史》，頁十二；Sayuri Guthrie-Shimizu, *Transpacific Field of Dreams: How Baseball Linked The United States and Japan in Peace and War*, pp. 134.

34 池井優著，《白球太平洋を渡る：日米野球交流史》，頁一〇八—一一一。

35 一九三一年九月十八日的晚上，在滿洲的日本關東軍，密謀炸毀在瀋陽的鐵軌，並以此為藉口，與當時同在瀋陽的中國軍隊爆發衝突。並在一日之內，將瀋陽和長春（南滿鐵路的北端）均占為己有。參考入江昭著，李响譯《第二次世界大戰在亞洲和太平洋的起源》（三河市：社會科學文獻出版社，二〇一六年），頁九—十。

36 Sayuri Guthrie-Shimizu, "Baseball in U.S.-Japanese Relations: A Vehicle of Soft Power in Historical

Perspective", in *Soft Power Superpower: Cultural and National Assets of Japan and the United States*, ed. Yasushi Watanabe and David L. McConnell(Armonk, NY: M. E.Sharpe, 2008), pp. 162；Sayuri Guthrie-Shimizu, *Transpacific Field of Dreams: How Baseball Linked The United States and Japan in Peace and War*, pp.134；Robert Elias, *The Empire Strikes Out: How Baseball Sold U.S. Foreign Policy and Promoted the American Way Abroad*, pp. 116.

37 原本這項提案的對象是《報知新聞》和《大阪每日新聞》這兩大報社，不過這兩報社認為這項計劃案所費不貲，不合成本，因此皆打消此念頭，是故後來才落到讀賣新聞社。池井優，《白球太平洋を渡る：日米野球交流史》，頁一〇四－一〇七；尹良富，《日本報業集團研究》，頁一六八。

38 黑襪事件（Black Sox Scandal），發生在一九一九年的世界大賽（美國職棒稱的當年度冠軍賽），由芝加哥白襪隊對上辛辛那提紅人隊。一度評估在整體戰力都優於紅人隊的白襪隊，竟然以五敗三勝的成績輸掉世界大賽（當時世界大賽一共比九場比賽，先取得五勝者為當年度冠軍）。事後調查發現，一共有八名球星參與賽外的賭博，涉嫌放水打假球。儘管最後判決這八名球員無罪，但也限制他們終身不能再參與任何棒球比賽。這起事件一度造成球迷們對美國職棒的不信任，所幸貝比魯斯的出現，由他所開啓的全壘打時代，重新喚起球迷對棒球的熱愛。參考佐山和夫著，《野球から見たアメリカ》，頁三十八－四十七。

39 波多野勝著，《日米野球の架け橋：鈴木惣太郎の人生と正力松太郎》，頁三十一。

40 波多野勝著，《日米野球の架け橋：鈴木惣太郎の人生と正力松太郎》（東京都：芙蓉書房，二〇一三年），頁六－九、二十四－二十五。

41 高正源著，《日本棒球發展史》，頁十二。

42 轉引自波多野勝著，《日米野球の架け橋：鈴木惣太郎の人生と正力松太郎》，頁三十一。

43 大和球士著，《野球五十年》，頁二二九、二三〇；菊幸一著，《「近代プロ・スポーツ」の歴史社会学：日本プロ野球の成立を中心に》，頁二〇七；ベースボールマガジン社編，《日米野球交流史》（東京都：ベースボールマガジン社，二〇〇四年），頁二〇。

44 大藏省印刷局編，《官報》，第一五七〇號，一九三二年三月二十八日，月曜日，頁六五七。

45 有山輝雄著，《甲子園野球と日本人：メディアのつくったイベント》，頁一六一；關於日本政府，如何藉由明治神宮大會來強化國民精神，可參閱林丁國的研究。林丁國著，《觀念、組織與實踐：日治時期臺灣體育運動之發展》，頁二四三－二五五；高島航著，《軍隊とスポーツの近代》（東京都：青弓社，二〇一五年），頁一六二－一六七。

46 以高校野球來說，從開辦「全國中等學校優勝野球大賽」與「全國選拔中等野球大賽」以來，能在春、夏甲子園中拿到冠軍的球隊，在透過大眾傳播媒體宣傳下，可成就學校的聲譽，同時野球隊也能夠受到各地學校、團體的招待，其比賽的收入是越來越龐大，不像學生比賽所應該有的。池井優著，《白球太平洋を渡る：日米野球交流史》，頁一二八。

47 以現在世界上著名的職業棒球聯盟為例，美國一季是打一六二場，日本是打一四三場，而臺灣是打一百二十場（以上都不含季後賽）。以此為對照，如果大學棒球隊一年要打一百場以上的比賽，以數量上來講，是偏多。（三國職業棒球聯盟的比賽場次皆以二〇一九年為標準）。

48 中澤不二雄著，《プロ野球》，頁十一。

49 大藏省印刷局編，《官報》，第一五七〇號，一九三二年三月二十八日，月曜日，頁六五八。

50 中澤不二雄著，《プロ野球》，頁十二－十三。

51 Robert Elias, *The Empire Strikes Out: How Baseball Sold U.S. Foreign Policy and Promoted the American Way Abroad*, pp. 一一七.

52 波多野勝著，《日米野球の架け橋：鈴木惣太郎の人生と正力松太郎》，頁三十九。

53 在一九三一舉辦「日美交流賽」並獲得好評後，讀賣新聞社社長正力松太郎，與美國隊教練賀伯・杭特，即開始規劃第二次的交流賽。不過當時正力已經有興起組織職業球隊的念頭，所以希望下此比賽時，日本方面能以職業隊參戰。但是杭特立場則不然，他是堅持日方能夠像這次相同，以日本大學聯軍為班底，進行比賽。然而在一九三二年，日本文部省頒布《野球統制令》一命令，當中禁止大學生參與有商業性質比賽。這項命令，等於就與杭特的想法，背道而馳。加上杭特本人，有意想掌握這次交流賽主導權，因此站在正力那方，則不予認同。最後，讀賣新聞社一方面與杭特持續地溝通，另一方面則是與親日的歐道爾協商，並且得到歐道爾允諾，將主導權歸於日方，並盡可能配合日方要求，作出讓步。參考波多野勝著，《日米野球の架け橋：鈴木惣太郎の人生と正力松太郎》，頁三十九－六十六。

54 《讀賣新聞》，第二〇六二九號，一九三四年七月十八日，水曜日，二版。

55 為了表揚對棒球發展有功人士，日本於一九五九年（昭和三十四年）創設野球殿堂（俗稱名人堂）。此野球殿堂的表揚方式分為二類，一類為競技者表彰，獲獎者主要是職業球員與總教練；第二類為特別表彰，主要獲獎人為非職業球員或教練，以業餘界對棒球貢獻者為主；此外，在二〇〇二年及二〇〇三年，設置有新世紀特別表彰名額，頒給二十世紀對日本棒球發展有重大貢獻人物，共有四位，其中一位便是歐道爾。李承曄，《日本職棒入門聖經》，頁二〇六、二〇九。

56 社論，〈ファンの興趣は秋の日米野球戦に〉，《讀賣新聞》，一九三四年一月一日，月曜日，五版。

57 社論，〈我社、招聘チームの偉容 全国野球ファン熱望の巨人ベーブ・ルース来る〉，《讀賣新聞》，一九三四年七月一八日，水曜日，二版。

58 雖然具有「世界第一」的稱號，但這支美國隊陣中的球員並非都是當時美國職棒的明星球員。以附表三來看，球隊的組成份子，主要是以費城運動家隊球員為班底，再加上部分美國聯盟球隊的明星球員，如洋基的魯斯與葛里格所組成（按：當中並沒有國家聯盟球員）。而當年費城運動家隊，在球季中只取得六十八勝與八十二敗的戰績，為美國聯盟的第五名，足以可見，儘管加入魯斯等外隊球星，要說這支球隊是否能算是「世界第一」，仍是見仁見智。但至少對當時極度盼望美國隊到來的日本球迷來說，這支美國代表隊，確實有著「世界第一」的實力。大和球士著，《野球五十年》，頁二三〇－二三一；National Baseball Hall of Fame website: http://baseballhall.org/discover/1934-japan-tour-footage-uncovered. 參閱時間：二〇一六年六月三十。

59 〈ファンの興趣は秋の日米野球戦に〉，《讀賣新聞》，第二〇四三三號，一九三四年一月一日，月曜日，五版。

60 《プロ野球七十年史》歷史篇，頁十九；但另有一說，史達魯賓原本有意跟高中隊友們一同進軍甲子園，但是因母親受到金錢與免除強制送還俄羅斯兩項的誘惑，而讓史達魯賓中途退學，以便參加日美交流賽。戶島龍太郎，〈<展望>無国籍投手スタルヒン：心の中の国境〉，《ソフィア：西洋文化ならびに東西文化交流の研究》，五十四（二），二〇〇六年，頁二四一。

61 菊幸一著，《「近代プロ・スポーツ」の歴史社会学：日本プロ野球の成立を中心に》，頁二一一。

62 Sayuri Guthrie-Shimizu, *Transpacific Field of Dreams: How Baseball Linked The United States and Japan in Peace and War*, pp. 151.

63 井上清著，《昭和五十年》（東京都：講談社，昭和五十一年〔一九七六〕），頁七十。

64 W. G. Beasley, *The rise of modern Japan*, London: Routledge, c2011. pp. 174-175.

65 池井優著，《日本外交史概說》，頁一七五—一七六、一七九；John Whitney Hell著，鄧懿、周一良譯，《日本史》，頁二三一。

66 池井優著，《白球太平洋を渡る：日米野球交流史》，頁一三五。

67 參考ベースボール・マガジン社編，《日米野球八十年史》（東京都：ベースボール・マガジン社，二〇一四年），頁一一五。

68 社論，〈全國熱狂の一ケ月 日米大野球戰終る 米軍の本壘打四十七本〉，《讀賣新聞・朝刊》，一九三四年十二月二日，日曜日，五版。

69 社論，〈本壘打と打擊王ともに榮冠は ルース〉，《讀賣新聞・朝刊》，一九三四年十二月二日，日曜日，五版。

70 一九二〇年代時，日本已經有收音機在傳播資訊，而當時為日本殖民地的臺灣，則是在一九三〇年代才普及，最主要目的，是讓臺灣與日本達到「共時性」。在以統治目的為導向，而將收音機播放連結到的日本，卻也間接刺激臺灣大眾生活的發展，因此，許多日本野球的訊息，也能透過收音機播放，傳到臺灣。參考李承機，〈ラジオ放送と植民地台湾の大衆文化〉，收錄於《戰爭・ラジオ・記憶》（東京：勉誠出版、二〇〇六年），頁一三三—一五五；黃丙丁口述、謝仕淵整理，〈黃丙丁先生棒球口述訪談〉，收錄於謝仕淵編著，《日治時期台灣棒球口述訪談》（台南：台灣史博館，二〇一二年），頁七〇-七一。

71 中澤不二雄著，《プロ野球》，頁七頁。

72 正力松太郎遭刺傷的消息，也在同一天傳到美國，身為美國代表隊的核心人物魯斯，也特別傳達對正力松太郎的關心。參考《讀賣新聞》，第二〇八四七號，一九三五年二月二十三日，土曜日，七版；Robert K. Fitts著、山田美明譯，《大戰前夜のベーブ・ルース：野球と戰爭と暗殺者》，頁三三五。

73 池井優著，《白球太平洋を渡る：日米野球交流史》，頁一四二—一四三。

74 森岡浩著，《高校野球一〇〇年史》，頁二二八—二二九。

75 《ジャイアンツ栄光の七〇年- 感動の記憶が今、蘇る》，頁三十一；《巨人軍の一〇〇人-報道二十世紀栄光の日本プロ野球史を飾る》（東京：ベースボール・マガジン社，二〇〇四年三月），頁十八、二十四；《日米野球交流史-永久保存版》（東京：ベースボール・マガジン社，二〇〇四年），頁六。

76 〈日米野球第十戦　沢村無類の出来栄　大投手戦を演ず〉，《讀賣新聞・號外》，第二〇七五四號，一九三四年十一月二十一日，水曜日，五版。

77 大和球士著，《野球五十年》，頁一三一－一三六；池井優著，《白球太平洋を渡る：日米野球交流史》，頁一四一－一四二。

78 〈沢村選手　二、三年の練習で大リーグに入れる　マニラでマック監督語る〉，《讀賣新聞・號外》，第二〇七七四號，一九三四年十二月五日，火曜日，五版。

79 轉引自Robert Elias, *The Empire Strikes Out: How Baseball Sold U.S. Foreign Policy and Promoted the American Way Abroad*, pp. 一一八.

80 Robert J. Sinclair, "Baseball's Rising Sun: American Interwar Baseball Diplomacy and Japan". SHR, Vol 16, Issue 2, December, c1985. pp. 50.

81 〈いよいよわが国最初の野球会社創立さる　会長に大隈侯・きのう創立総会〉，《讀賣新聞》，第二〇七九〇號，一九三四年十二月二七日，木曜日，七版；讀賣新聞社運動部編，《讀賣野球年鑑》（東京都：讀賣新聞社，昭和二十九年（一九五四）），頁二七三；《巨人軍の一百人－報道二十世紀栄光の日本プロ野球史を飾る》，頁十七。

82 巨人隊在一九三四年成軍時的二十一名球員中，有十七名球員曾入選日本隊。大和球士著，《野球五十年》，頁一三二、一三七。

83 Sayuri Guthrie-Shimizu, *Transpacific Field of Dreams: How Baseball Linked The United States and Japan in Peace and War*, pp. 155.

84 日本野球聯盟編，《日本野球競技記録》，頁一一一。

85 日本職業野球聯盟事務局編，《日本職業野球聯盟公報》，第壹號，一九三六年四月二十五日，頁四；東亜書房編輯局編，《見よこの躍進日本の姿》（東京市：東亜書房，昭和十一年（一九三六）），頁三十四－三十六。

86 《プロ野球七〇年史》歷史篇，頁二十。

87 大和球士著，《野球五十年》，頁一三八。

88 中澤不二雄著，《プロ野球》，頁十四；池井優著，《白球太平洋を渡る：日米野球交流史》，頁一四六－

一四八：*Sayuri Guthrie-Shimizu, Transpacific Field of Dreams: How Baseball Linked The United States and Japan in Peace and War*, pp.160.

89 〈"職業野球"時代来る 東京巨人軍の人気に刺激され、いよいよ大阪にも誕生〉，《讀賣新聞》，第二一〇七四號，一九三五年十月九日，水曜日，七版。

90 大和球士著，《野球五十年》，頁二五九；鈴木龍二著，《鈴木龍二回顧録》，頁三十。

91 中澤不二雄著，《プロ野球》，頁十六。

92 〈〔興行野球と學生野球〕 觀衆に魅力少い 職業團の顏觸 渡米選手に『見世物式たれ』 オドールの御託宣〉，《東京朝日新聞》，第一七九二九號，一九三六年三月十五日，日曜日，四版；〈〔興行野球と學生野球〕 "野球道"に一變化 正統派の顚落 選手買收狂奔の弊〉，《東京朝日新聞》，第一七九三〇號，一九三六年三月十六日，月曜日，五版；〈〔興行野球と學生野球〕 勝利主義の清算し 質實剛健たれ 學生野球百年の計〉，《東京朝日新聞》，第一七九三一號，一九三六年三月十七日，火曜日，四版；〈〔興行野球と學生野球〕 笑止！若樣練習 部費に毒され "修養野球"影無し〉，《東京朝日新聞》，第一七九三二號，一九三六年三月十八日，水曜日，四版；菊幸一著，《「近代プロ・スポーツ」の歴史社会学：日本プロ野球の成立を中心に》，頁一六一；尹良富著，《日本報業集團研究》，頁一七三—一七四。

93 〈〔球界の暴論を駁す〕＝上 学生球界を救い真の野球道建設〉，《讀賣新聞》，第二一二四三號，一九三六年三月二十八日，土曜日，四版；〈〔球界の暴論を駁す〕＝下 独特の「日本式野球」〉，《讀賣新聞》，第二一二四四號，一九三六年三月二十九日，日曜日，四版；有山輝雄著，《甲子園野球と日本人：メディアのつくったイベント》，頁一七四；山室寛之著，《野球と戦争：日本野球受難小史》，頁一六三—一六四。

94 有山輝雄著，《甲子園野球と日本人：メディアのつくったイベント》，頁一七四—一七五。

95 尹良富著，《日本報業集團研究》，頁一七四。

96 中澤不二雄著，《プロ野球》，頁十七。

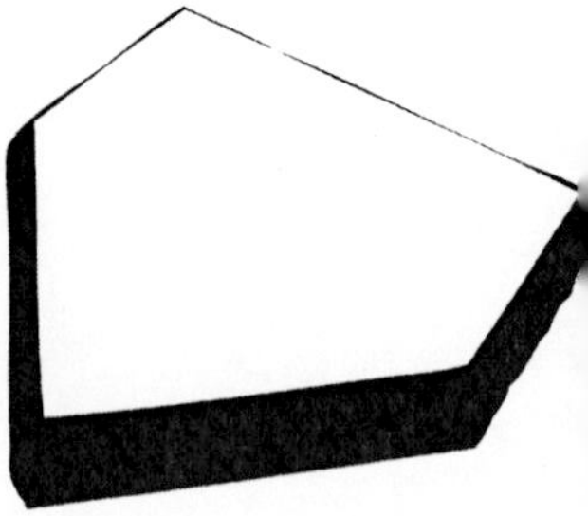

經過兩次日美棒球交流賽的刺激以及讀賣新聞社的努力下，促成日本職業野球聯盟在一九三六年成立。然而聯盟誕生的時間點，卻恰巧也是日本帝國主義最高峰的時候。就在隔年，在中國「盧溝橋」一處所發生的軍事衝突，點燃日本對東亞全面侵略的野心。而作為在戰爭時期發展下的日本野球，也必然在這時與帝國主義結合在一起。

一九四〇年七月時，日本野球聯盟前往日本海外殖民地的滿洲國，舉辦為期一個月的夏季聯賽。選在戰爭白熱化的時間點前往殖民地舉辦比賽，一方面除了擴大日本野球聯盟的知名度外，但也同樣顯示出，戰爭期間的日本野球發展，已經逐漸向國家主義所靠攏。不過真正使野球受到國家政策的全面影響，卻是在一九四一年的十二月十八號這天之後，也就是日本襲擊美國在夏威夷的海軍基地——珍珠港（Pearl Harbor）。日本襲擊珍珠港，一方面使美國拋棄孤立主義，憤而投入第二次大戰，另一方面卻也顯露出，日本其實國力已經開始走下坡，才不得不孤注一擲地襲擊美國。

「珍珠港」遭攻擊一事，迫使美國不得不介入太平洋地區的軍事衝突，隱約宣

告日本在東亞的擴張野心將被阻止。為了終結這場戰爭，美國開始全面徵召人民從軍，投入戰場，為國家而奮鬥。與日本相同，在太平洋戰爭期間，美國也將運動員從球場拉往戰場，而且這些前往戰場的球員中，不乏有多位未來進入到棒球名人堂的球星，如狄馬喬（Joe DiMaggio, 1914-1999）、泰德·威廉斯（Ted Williams, 1918-2002）等人。相較於美國讓球員投入戰場，日本則明顯，也更積極的將政治力伸入運動界，如禁止英語的使用、球衣改為軍服配色、在球場舉行戰爭儀式等，無時無刻皆在傳遞軍國主義、國家至上的思想。

不過戰爭終究只是徒留遺憾，因為在太平洋戰爭期間，無數的球員命喪於無情的戰場之中，儘管有部份人無法再回到他們熟悉的球場，但幸運倖存下來的球員不僅重新成為活躍於球場的巨星，同時在戰後也重新喚醒球迷對職棒的熱誠。

在日本侵略戰爭時期成立的職棒聯盟，無法將自己置身於外，它一樣需要與日本國家的帝國擴張一同共進退。但也因為如此，最終也只能跟隨國家腳步，共同承擔一段在戰火下的無情歲月。

第三章 —— 從盛開到散落的櫻花

戰火下的殖民野球

1940-1944

侵略——日本遠東政策的實踐

一九三六年，日本總算在野球傳入後的第六十四年，成立國史上第一個職棒聯盟。但隨著日本對外擴張，從這一年起至一九四四年，日本野球聯盟運作中止，這八年可說是日本職業野球史上變動最劇烈的時期，也是職棒能否永續存在的關鍵期。

一九三七年七月七日，日本發動對中國全面侵略的最後一步——「盧溝橋事件」（也稱「七七事件」），正式點燃中日雙方在二十世紀最大規模的軍事武裝衝突。這一天，日軍假借演習中遇到中國軍的槍彈威脅，而向中國軍進攻。中國並不想將戰事擴大，因此與日軍簽訂停戰協定。不過在日本方面，七月十一日的內閣會議通過參謀本部的要求，決議向中國華北進軍，並將軍人的退伍日延期，使更多軍隊投入戰場；更召集政界、財經界、甚至是言論界，將輿論全部導向對外侵略。這次日本政府的態度既敏捷又強硬，比起六年前的「九一八事變」更為積極，顯示對於發動這次的戰爭已有充足準備與決心。[1]這場戰爭將日本帶入國際衝突的泥淖中，隨著戰火擴大，日本職棒聯盟也逐漸籠罩在戰爭的陰影下。[2]

實現成為東亞霸主的決心

一九三七年的盧溝橋事件點燃東亞大規模的區域衝突，充分顯現日本帝國主義意圖塑造出一個以日本為首的東亞新秩序及其征服東亞的企圖心。雖然早在十九世紀末日本併臺灣以及二十世紀初併韓的這兩起事件已可窺見其端倪，但當時真正使國際體系無法容忍的則是日本對中國東北的侵略。

一九三一年日本侵略滿洲，可說率先打破了一九一八年後的國際新秩序。日本在滿洲建立的滿洲國是個傀儡政權，這不僅在當時前所未見，也導致接下來德國的希特勒（Adolf Hitler, 1889-1945）與義大利的墨索里尼（Benito Amilcare Andrea Mussolini, 1883-1945）相繼仿效，成為之後第二次世界大戰的引爆點，可說第二世界大戰就肇因於一九三一年的「九一八事變」。[3]而日本選擇中國東北加以侵略，必定有它的因素。日本選擇進軍滿洲，早有一段歷史淵源。最早是日本需要尋找一個不凍港，明治時期便已積極向滿洲展開奪取計畫。不論是日俄戰爭後，或者是第一次世界大戰後，日本不斷以外交手段掠奪土地，最後也強行取得旅順和大連不凍港。

日本取得滿洲的最主要目的，可簡單歸納為國防、經濟、人口三點。以國防來說，滿洲遼東半島的大連與旅順，因其地理位置屬於不凍港，能使船隻終年順利航行於中國跟日本之間，並作為日本領土向北擴張的運送管道。同時，它也代表著日本在北邊的防線，尤其可作為防範俄羅斯南下入侵的前線防衛基地，避免日本本國領土受到破壞；經濟方面，日本因是海島地型，缺乏天然資源，因此像發展工業所需的石油、鐵、錫、亞鉛等，都只能依賴美國、英國與其他殖民地的輸入。日本為了尋求自給自足，故對滿洲這塊土地抱以期待。不過事實上，當時滿洲並沒有石油，因此石油的輸入問題仍無法解決，但是大量的鐵、石炭，以及其他的資源確實如日本所預期。為了擺脫對美、英大國的經濟依賴，滿洲被認為是必須且不可或缺的土地；而在人口方面，昭和初期日本人口開始大量增加，狹長的島型國土已無法容納急速膨脹的人口，因此日本政府有意將部分人口疏散至滿洲，除了減緩國內土地的負荷，也是預防本國一旦受到戰爭波及，還有預留一塊大陸的「淨土」可棲身。[4]早在一九三〇年之前，日本對於滿洲的渴望便已表露無疑，到了關鍵的「九一八事變」真正揭示其帝國野心，並衝撞原本維持東亞國際秩序的「華盛頓體系」。

滿洲事件對日本最直接的影響，也許是造成日本在國際地位和外交政策上的轉變。入侵滿洲有違日本與西方列強的國際協議，尤其英美兩國更對日本種種對外行動感到困擾不安。然而，儘管西方列強在國際聯盟公開指責日本侵略的不道德行為，但卻也沒有採取任何制裁行動，提到日本是否為侵略者時，李頓調查團也是含糊其辭。不過在國際聯盟的報告書中，明顯拒絕承認「滿洲國」為一個獨立的國家。因此當國際聯盟向日本誇耀它可能以包含日本在內的條約來約束日本時，導致日本反感，並憤而退出國聯。次年，東京外務省便發表《天羽聲明》（有時被稱為亞洲的《門羅主義 *Monroe Doctrine*》），取代過去歐美列強在亞洲提出的門戶開放政策，主張日本有必要對東亞的和平負起完全的責任，同時在與中國和歐美列強的關係上，將中國納入由日本所主導的東亞和平體系中，以便將中國視為自己的保護國。[5]

滿洲事件及其後果大幅改變了一九三〇年代日本的國內外局勢。在日本國內，政府的態度立即轉變，滿洲勝利更鼓動軍國主義的傳播，社會大眾對於批評日本的國家感到不滿，一九二〇年代所鼓吹和平的「國際主義」，很快地就在對外勝利所激發的高昂民族主義下遭到拋棄。所有被認為是不愛國或對國家利益有損的思想和行動，都遭到激烈攻擊。例如一九三五年，正力松太郎舉辦日美交流賽，便被視為有叛國的思想，而遭到極端民族主義份子刺傷。從這件事就可看出當時日本民眾已開始敵視外國。整個國家的思想轉變，使得日本不願再與立場相左的英美等國站在同一陣線，儘管孤立，卻也更加堅定日本朝著成為東亞領導者的方向前進。

野球的海外擴張──前進滿洲國

一九三七年（昭和十二年），中日衝突擴大，戰火瞬間延燒整個東亞。日本隨後也發布「全國總動員」，號令全國由上到下投入戰爭，包括日本職業野球聯盟也必須接受國家的指令，為戰爭貢獻他們的心力。

在戰爭爆發後的七月十八日，聯盟特別為正在中國打仗的日本軍隊舉辦「國防費獻納試合」，第一時間表達對國家的支持。[6]而受到職棒聯盟的影響，這股「獻納」風潮很快席捲整個棒球界，如由阪急隊自行舉辦的「皇軍慰問金職業棒球」的開辦，或者是東京六大學聯盟將秋季聯賽的一成收入捐獻給政府作為國防費用等等，都是對國家「獻納」的具體表現。[7]

一九三八年起，日本政府也推動國防政策，開始大規模徵召人民遠赴戰場。[8]許多職棒球員都在第一時間接受國家徵召，進而展開他們的軍旅生活。大部分職業選手的體位屬於甲種體格，徵召選手比徵召一般社會大眾更能提高軍隊的戰鬥力。而許多入伍的球員，如巨人隊的澤村榮治、阪神虎隊的藤村富美男（Fujimura Fumio, 1916-1992）等人，都是當時球隊的支柱。球員的部分如此，球賽所使用的器物也因戰爭而改變。例如，受政府「棉製品禁止令」的影響，原本以純毛為主的比賽用球，改以人造纖維取代，品質下滑，導致擊球的反作用力大幅降低、打者出現長打（二壘安打以上）的機會銳減，比賽呈現低比分化，進而降低比賽的可看性。同時，還限制一場比賽最多僅能使用六顆球，賽事品質也大幅下降。而原本只用於比賽的球場，戰爭期間亦被賦予多種用途，例如「民族紀念日」、「軍事感謝」的展演等等。這些「儀式」成為國家傳播軍國主義最好的載體，而球場的功能也移轉了。[9]在國家政策的推動下，野球再也不只是一項單獨的運動了，而是與整個國家共存亡。

尤其到了一九四〇年（昭和十五年），正好是日本開國第兩千六百年，[10]政府特別舉行許多紀念活動，以此凝聚人民對國家的向心力。與此同時，為了在東亞建立新秩序，政府鼓勵許多民間企業踏上滿洲這塊「王道樂土」，而日本職業野球聯盟，也在這時受到政治人物的邀約，一同前進滿洲。[11]然而在野球圈內，並非所有人都支持聯盟到滿洲進行比賽。雖然支持方與反對方有過一段時間的爭論，但最後在滿洲日日新聞社的熱情邀請下，最終還是決議讓野球聯盟前往滿洲。[12]就在七月二十六日這天早晨十點，野球聯盟的九個球團（巨人、阪神、阪急、翼、名古屋、黑鷲、金鯱、南海、獅子），總計約兩百名選手加上相關人士於神戶港集合，乘坐大阪商船吉林丸號，前往滿洲的大連。[13]

吉林丸號在海上航行三天，成員於七月二十九日上午八點抵達大連後，並未立即前往住處，而是先到忠靈塔與神社參拜，這可說是當時時空背景下的必須之舉。參拜完，成員才搭上滿鐵，前往開幕式的場地奉天。接著在七月三十日下午，九支球團選手齊聚奉天的滿鐵球場，參加「滿洲聯盟戰」的開幕典禮。從這天起至八月二十三日，近一個月的賽程，每隊要打十六場比賽，全部一共七十二場。比賽地點則有奉天、新京（長春）、大連、鞍山、吉林、撫順等地。這次夏季聯盟賽在滿洲獲得非常大的迴響，由滿洲日日新聞社發行的預售票常常當天售罄。不過，看著主辦方賺取不少收入，在球場上奮戰的球員卻有所不平。主要原因有二，第一是環境不佳，球員住在滿洲旅館的待遇比不上在日本的舒適，在移動的列車或下榻的旅館內，還時常遭受「南京蟲」的侵擾，被叮咬的選手們產生腹瀉等身體問題，需要服用「征露丸」才能抑制病情；再者，因滿洲幅員廣大，比起本島內的征戰，區域之間的距離更加遙遠，長途轉戰讓許多球員的體力與精神都深感吃不消。第二則是球賽品質降低，如前所述，比賽用球品質低落，導致擊球飛行距離不遠、比賽大部份都是低比分的投手戰，讓許多進場的球迷大失所望。當初舉辦滿洲聯盟的目標，是希望充分發揮日本野球豪華壯麗的一面，不過就比賽的實際結果看來，並未達到預期的目標。[14]

上述球員對於聯盟移師滿洲比賽的不滿，資料出自二戰後出版的刊物；不過若是在戰爭期間留下的文本，便不會看到前述情境，反而是充滿了對滿洲的歌頌與嚮往。尤其是到滿洲比賽，更被聯盟視為極崇高的任務，[15]是對國家致意的具體行動；此行遠征滿洲，主要也是為了實現七月二十六日近衛內閣的《基本國策要綱》，其目的在於擴大東亞全土，體現建國的廣大計畫與八紘一宇的精神。[16]這趟滿洲之行，可說不單單是一場表演，更是具有政治意涵的行動。而在政治意涵之外，此行也提供聯盟巨大的商機。以一九四〇年球季來說，整年度觀眾入場人數約有九十六萬人，總收入約為五十五萬日幣；但光是滿洲一個月賽程，就有近十三萬人入場，收入達二十三萬日幣，當中收入更占了整個賽季總收入的四成，可見滿洲是個值得開發的海外市場。[17]

到了八月三十一日，九支球團的選手與相關人士搭乘鴨綠丸號，返回日本九州的門司港，結束長達近一個月的滿洲之行。而回到日本的野球聯盟，為了能更順應新體制的風潮，達到「健全娛樂」的目標，聯盟理事會規定禁止使用英語（禁用片假名）。[18]這也促使各球團將名稱一律統一改成日式風格的隊名，而原先繡在胸前的球團標誌，也以漢字取而代之。就以巨人隊為例，巨人隊就不用英文「ジャイアンツ」（Giants）的標示與念法，直接改以漢字「巨人」（日文讀音Kyojin）稱呼，而胸前的隊徽，也捨棄原本的「G」（指英文Giants的開頭），代之以巨人漢字中的「巨」一字。由這個案例可知，野球聯盟「正式」與國家政策並行，一步步讓自己套上戰爭的枷鎖。

決裂——珍珠港襲擊後的美國職棒

在戰火下誕生的野球聯盟，是要按照自己的理念獨立發展，亦或者是跟隨國家的腳步投入戰爭，聯盟必須作出選擇。而在一九四〇年滿洲之行後，幾乎底定是選擇後者。因此在聯盟回到日本後的這一天開始，一直到一九四五年日本宣告無條件投降為止，戰爭的影子就一直環繞在野球場上的內外。

原本只在東亞擴張的日本，到了一九四一年時，已經開始改變他們的擴張方針，「南進」政策的施行，使日軍開始向東南亞擴張。然而東南亞地區在二十世紀初期，就已經是歐美列強的殖民地，日本的「南進」，就必然會與歐美列強產生軍事上的衝突。不過在當時希特勒幾乎席捲整個歐洲的關係，造成在東南亞有殖民地的歐洲國家，都無法顧及到他們的海外領土，因此都「默許」日軍進佔東南亞。然而，所有國家都採取在東南亞姑息日軍時，只有美國不斷地在國際上與日本產生摩擦。而到當年度的十二月，日本竟然主動襲擊美國在夏威夷的海軍基地——珍珠港，隨即，美、英，甚至是中國，都在同一天與日本宣戰，正式引爆太平洋戰爭。向日本宣戰的美國，等於是拋棄之前的孤立主義，開始積極干涉太平洋地區。而在社會中，也開始充斥著對日本的不信任與不滿，就連運動界也是如此。美國棒球因為珍珠港事件的關係，連帶也受到影響。如同日本一樣，在事件發生後不久，球員們也放下手套與球棒，投入未知的戰場。

珍珠港事件，不僅揭開太平洋戰爭的序幕，同時也牽動美國棒球界的新發展。透過戰爭，美國棒球在美國人民心中不再僅是「國民娛樂」（National Pastimes），更是在戰爭情境下「美國人民的精神支柱」（American Anchor）。

12／08的襲擊

東亞因為一九三〇年代日本帝國主義的擴張，使各地燃起無情的戰火。而在歐洲方面，德、英、法、蘇等列強，仍積極地防止與避免戰火在歐洲的開展。不過在法西斯主義的擴張下，依舊無法將戰火抵擋於歐洲大門之外。既然東亞的日本已經率先燃起戰爭的火苗，那麼與日本有著同樣企圖的德國，發動侵略也是遲早的事情。於是歐洲的戰爭，就在德國入侵波蘭的情況下，也正式點燃。第二次世界大戰於一九四〇年開始，並在東亞與歐洲全面展開。而在遙遠的美洲，並未受到戰火的侵襲，因此做為第一次世界大戰最大贏家的美國，仍舊在遠方觀看，不知何時會再次介入這場全球戰爭。不過隨著戰爭對英、法、中等「民主」國家越來越不利時，美國何時的介入，就形成對德、日等侵略國所認為，一個對戰爭影響最大的潛在關鍵因素。

然而橫跨太平洋的戰爭並非不可避免。但至少在一九四一年六月之前，東京和華盛頓都一心想避免這個情況發生。可是，儘管日本人認為，只要美國不再協助英國對抗德國與干涉亞洲事務，日美戰爭就得以避免。只可惜，美國政府官員的作法，並非能符合日本所期望。而是美國打算透過軍事與經濟力量，迅速地建立一個全球的集體安全體系，其目的是要將德國逼回華盛頓體系時的位置。不過鑒於美國所設想的戰略如果成功，則必定會影響到日本在亞洲所想要取得的主導權地位，如果日本要堅持自己成為亞洲霸主的計畫，它的唯一希望，就在於能否成功建立一個堅不可摧的帝國，以抵禦來自美國及其盟友的壓力。而在一九四一年夏天的發展，證實了這兩種趨勢。此外，在六月二十二日這天開始，德國首先片面毀棄《德蘇互不侵犯協定》，對蘇聯展開攻擊，使後者加入以美國為首的全球同盟。而另一方面，因為蘇聯傾全國之力抵擋德國入侵，使得原來日本擔心蘇聯會從北方進攻日本的想法，也就一掃而空。趁著德蘇在歐洲戰爭之際，日本便侵入南印度與中國，以獲取更多戰場上的補給資源，使日本能夠做好更萬全的準備，以便有足夠的軍備，能夠與美國所主導的ABCD同盟，在亞洲進行對抗。[19]因此，太平洋戰爭的爆發只是時間上的問題。在這種形勢下，唯有美國的同盟關係破裂，亦或者是日本扭轉向南擴張侵略的行動，才有可能阻止太平洋戰爭。[20]

而日本與美國的正面衝突，乃肇因於原本在東南亞有著殖民地的歐美國家，因為希特勒的原故，使得原本屬於歐洲帝國主義成為真空狀態，反而吸引日本的軍事入侵。除了因為歐洲國家無暇顧上各自在東南亞的殖民地外，加上美國的政策與日本外交本身存在著衝突路線。因此當日本全面向東南亞侵略時，就造成美國方面的不滿，在不以戰爭為前提的情況下，於是對日本實行嚴厲的經濟制裁，切斷他們海外資源的源頭，尤其是與軍備最有關係的石油。日本因為屬於海島型國家，資源都仰賴海上運輸，這樣的舉動，無疑就是要重挫日本在東南亞的侵略，也就因為這個因素，便成為導致日美雙方最終走向全面的衝突最後一根稻草。[21]

儘管戰爭爆發是遲早的事，但日本在是否真的要對美國作戰這個決定上，依舊猶疑不定。日本雖然一方面不斷地擴充軍備，但另一方面又不斷地與美國政府談判，期望美國能接受他們在東亞的要求，不要因為東亞的關係，而打壞太平洋的和平，不過這都僅是日方一廂情願的想法。上層或許有意真的想避免美日開戰，但是下層百姓可能無法接受。尤其在傳媒輿論對大眾一股腦兒鼓動對美英等國的仇視，使得上層執政者仍舊對走向戰爭這條路有一定的期待。加上選擇與美國進行軍事妥協的近衛文麿（Konoe Fumimaro, 1891-1945）的團隊不被信賴，因此近衛後來「自願」選擇請辭下臺，帝國議會則選出支持對美戰爭的東條英機（Tōjō Hideki, 1884-1945）組閣。當東條成為首相的消息傳到美國後，美國政府就知道與日本的戰爭是無可避免。到了美國時間的十二月七號（日本時間是十二月八號），時擔任日本駐美大使的野村吉三郎（Nomura Kichisaburō,1877-1964），在還未交付《對美備忘錄》給美國官員之前，日本便襲擊珍珠港。而這場未通告的攻擊行動，不僅點燃太平洋的戰爭之火，也使日本確定留下歷史上難以抹滅的污點。[22]

珍珠港的空襲，可說是造成日美關係間變化最顯著的分水嶺，尤其經過日本「偷襲」後，幾乎是抹去美國對日本在戰前的所有記憶。曾經到過日本交流的杭特，在珍珠港事件發生後，曾感嘆的認為，美國當初誠心誠意的與日本做棒球的交流，藉由訪問，可以表示彼此的善意與相互瞭解對方。但是誰也沒有想到，因為日本盲信戰爭與不負責任的軍隊派系的關係，美國失去對日本的一切。[23]而這一年對美國人民來說，是既美好卻又悲傷。因為珍珠港轟炸的慘痛記憶，使得狄馬喬連續五六場比賽有安打的演出，與泰德・威廉斯四成打擊率的精采表現，似乎在同個時間被抹去。在前後兩個對比懸殊的情境下，也讓美國球迷們有個矛盾的一年。[24]

戰爭下的國民娛樂

珍珠港事件的爆發，可說是美國職棒在發展歷史上一個特別的插曲。因為它既是毀掉一個太平盛世，後來卻又另外開啟職棒的嶄新面貌。活在太平盛世的一九一〇到一九三〇年代，曾經風靡球壇的明星，如貝比・魯斯、葛里格、柯布（Tyrus Raymond Cobb, 1886-1961）、華特・強森（Walter Johnson, 1887-1946）等人，在一九四〇年代初期時都已經成為球迷們心中的美好記憶。而一場戰爭，劃出了兩個黃金世代，創造出一群新的美國英雄，重新喚回球迷對美國棒球的狂熱。這群活在歷史轉折點上的球員，如狄馬喬、泰德・威廉斯，以及羅賓森（Jack Roosevelt Robinson, 1919-1972），他們的球員期間是在戰爭下，所以他們都必須走向戰場。不過幸運存活的他們，再回到球場後，也改變美國棒球的面貌，使得美國棒球走入另一個全新的時代。[25]

作為美國職棒重要轉折點的一九四一年，儘管有創造出五十六場連續安打與四成打擊率的兩項偉大記錄，但因為戰爭的因素，使得職棒圈並沒有感受到喜悅，反而還擔心說，是否因為國家安全政策的考量，而要求聯盟停賽。當然，球迷們不願意，聯盟更不樂見此事的發生。於是在一九四二年一月十四日，當時擔任美國職棒最高執行長的蘭迪斯（Kenesaw Mountain Landis, 1866-1944）寫了一封信給當時美國總統小羅斯福（Franklin Delano Roosevelt, 1882-1945），信上表示希望就算在戰爭期間，也不要讓職棒停賽。隔天，羅斯福就回信給蘭迪斯。羅斯福認為，棒球已經在美國發展已久，早已經是國家不可缺少的重要娛樂，他不會阻止職棒的運作，會持續讓職棒在戰爭下繼續。但是羅斯福也特別聲明，職棒雖然可以讓球季正常開打，但是球員們應盡的兵役還是要履行。兵役，是唯一羅斯福的要求，而蘭迪斯也對此保持贊同，因此職棒能夠在戰爭中繼續下去。因為有這封重要的信件連結職棒與華府，使得美國職棒發展不因戰爭而中斷，並帶給戰爭中的美國人民心靈上重要的寄託，這就是美國棒球史上著名的「綠燈信」（Green Light Letter）。[26]

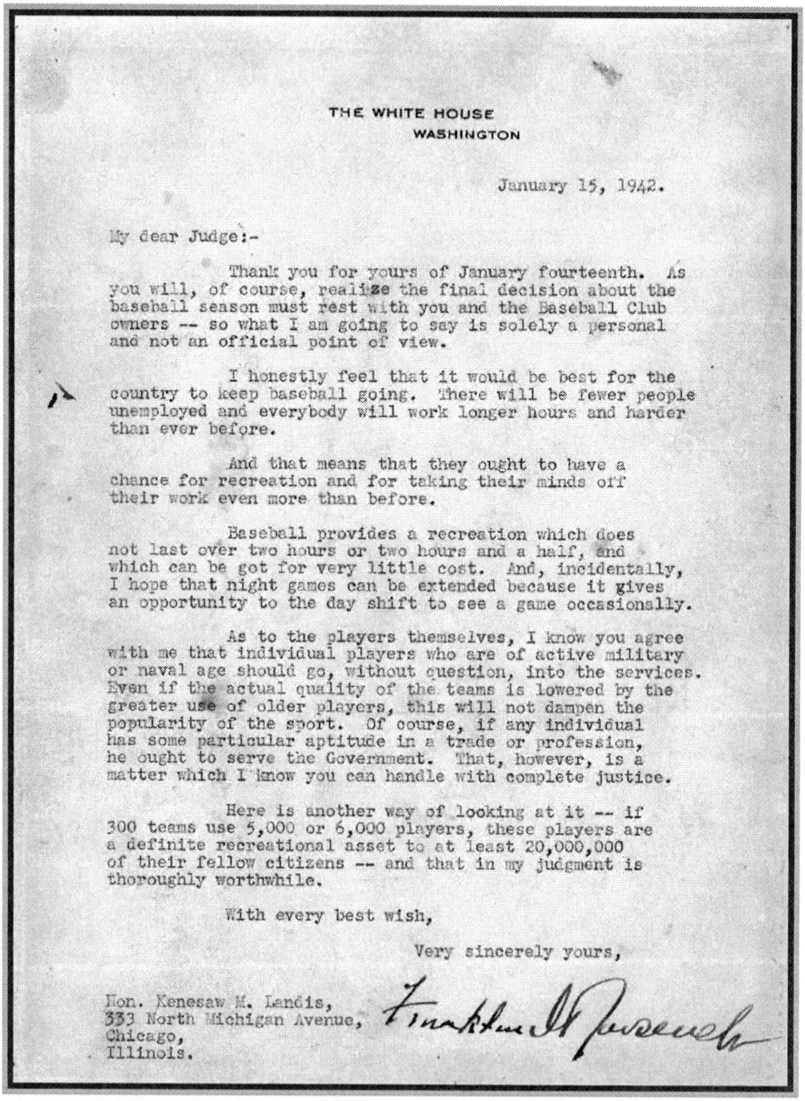

THE WHITE HOUSE
WASHINGTON

January 15, 1942.

My dear Judge:-

Thank you for yours of January fourteenth. As you will, of course, realize the final decision about the baseball season must rest with you and the Baseball Club owners -- so what I am going to say is solely a personal and not an official point of view.

I honestly feel that it would be best for the country to keep baseball going. There will be fewer people unemployed and everybody will work longer hours and harder than ever before.

And that means that they ought to have a chance for recreation and for taking their minds off their work even more than before.

Baseball provides a recreation which does not last over two hours or two hours and a half, and which can be got for very little cost. And, incidentally, I hope that night games can be extended because it gives an opportunity to the day shift to see a game occasionally.

As to the players themselves, I know you agree with me that individual players who are of active military or naval age should go, without question, into the services. Even if the actual quality of the teams is lowered by the greater use of older players, this will not dampen the popularity of the sport. Of course, if any individual has some particular aptitude in a trade or profession, he ought to serve the Government. That, however, is a matter which I know you can handle with complete justice.

Here is another way of looking at it -- if 300 teams use 5,000 or 6,000 players, these players are a definite recreational asset to at least 20,000,000 of their fellow citizens -- and that in my judgment is thoroughly worthwhile.

With every best wish,

Very sincerely yours,

Hon. Kenesaw M. Landis,
333 North Michigan Avenue,
Chicago,
Illinois.

1942年，美國羅斯福總統著名的「綠燈信」。
The "Green Light Letter" written by Roosevelt. B-49.56, National Baseball Hall of Fame Library.

職業棒球在美國沒有受到政府的限制，反而還鼓勵棒球應該持續在大眾生活圈發展，甚至是在軍隊中也是如此。而有這樣的想法，其實是有歷史淵源。棒球在戰爭中的發展，如果回頭看美國歷史與棒球的關係，並非只有發生在第二次世界大戰。十八世紀末，正值美國開國時期，國父華盛頓（George Washington, 1732-1799）當時就鼓勵他的軍隊打板球（棒球的前身）。而到十九世紀中葉的南北戰爭（American Civil War, 1861-1865）期間，時任北方領袖的林肯，也在軍隊中推廣棒球運動，以致於在內戰結束後，棒球運動順理成章的達到「國民化」的象徵。此外，包含在第一章時所介紹的岱博壘，他不僅是出身於軍人，也是從戰爭中學習到棒球運動。而被喻為「現代棒球之父」的卡萊特（Alexander Cartwright, 1820-1892），同樣也是在美國軍隊裡，推廣他所改良過，現今我們所知的現代棒球。因此從以上幾個案例可知，棒球對美國人來說，它被推崇是「國民娛樂」不是沒有原因。而這項娛樂，並不會因戰爭而停止發展，反而還有助於成為美國人民心靈上的寄託，而另一層面，也是擴展與宣揚美國文化最好方式。[27]

因為有先前的歷史經驗，美國並沒有因為戰爭的關係，而中止棒球相關的活動，反而更積極地鼓勵棒球比賽的進行。同樣是職業棒球，比起日本，美國對於是否干涉職業聯盟的運作，就顯得不明顯。因此太平洋戰爭的爆發，對美國職業棒球最大的影響，就是球員們到軍中服役。而在戰爭期間下，雖然並未像日本一樣，有著對球賽制度上的變動，但也出現許多受戰爭影響下才會發生的事。例如，因為球員們大量服兵役的因素，導致球隊隊員數量的減少，像辛辛那提紅人隊就將年僅十五歲的紐克赫爾（Joe Nuxhall, 1928-2007）拉到大聯盟，使他成為美國職棒史上最年輕的球員。一般大聯盟球員至少要滿十八歲（當時雖沒明文規定，但原則上在十八歲以下的球員是很難升上大聯盟），才有機會從小聯盟升上去，因此十五歲的紐克赫爾能站上大聯盟，算是在戰間期一個特例。[28]雖然球員們從一九四二年起，陸續因為兵役因素而進入到軍隊中，但並沒有立刻上戰場。一直到一九四四年的春天為止，入伍的大聯盟球員，約有三百至三百五十位，仍舊在美國本土服役，打著他們熱愛的棒球，尚未真正體驗到危險。一直等到同年六月，聯軍於諾曼第（Normandy）登入，開始向德國猛烈進攻後，才開始有不少於美國本土服役的士兵，真正被派入至戰場，當中就包含著職棒球員。這些上戰場的球員們，因為對棒球的熱愛，使他們認為自己並不是拿著機槍與手榴彈，而是拿著球棒與手套在打第二次世界大戰。[29]

走向戰場的大聯盟球星

自一九四二年開始，眾多的美國職棒明星離開他們熟悉的球場，前往軍隊服役。這當中在戰爭結束後回到球場的球員，有許多人在退休後都順利的進入古柏鎮。儘管他們有多年歲月貢獻在部隊中，而影響他們在球員生涯上的成績，比較非在戰爭下的其他入選名人堂球員的成績，則較為遜色。但是這樣的結果，並不降低他們在球迷心中的地位，反而還因為他們參與戰爭，為國家付出，更獲得球迷的欣賞。如果說魯斯、葛里格等人是開啟一九二〇、一九三〇年代美國棒球的黃金時代，那麼在二戰時期這群為國家奮戰的球員們，就是戰後新時代的開創者。

在這群參與二戰的名人堂球員中，較為著名的有洋基隊的狄馬喬、紅襪隊的威廉斯、老虎隊的格林柏格（Henry Benjamin "Hank" Greenberg, 1911-1986），以及印地安人隊的斐勒（Robert William Andrew Feller, 1918-2010）等人。特別是球員們在一開始入軍營時所擔任的角色任務，並非隨部隊前進戰場殺敵，而是在軍營中以棒球提振軍隊士氣，以比賽的形式，來為沉悶的軍隊生活增添娛樂。在當時美國社會中，職棒選手的名聲是非常響亮，而因為棒球在美國是屬於「國民娛樂」的層級，因此在大眾普及上，是非常廣泛。早在美國南北戰爭期間，在軍隊中，本來就存有棒球這項娛樂，因此如果有職棒明星來到部隊裡，就非常容易引起矚目。因此就有美國的上校回憶到，比起好萊塢的演員、歌手、喜劇人員，職業運動員更受軍人們的喜愛。[30]

當現實中所崇拜的職棒球星現身在部隊中，立刻就受到其他一同服役的士兵們擁戴。一來是與職棒明星在同一部隊而感到高興，二來是他們的加入，能夠提高所屬營區球隊的戰力。尤其在當時的空軍與海軍中，不僅各自擁有球隊，而且時常進行交流比賽。職棒明星的加入，使得球賽更為精彩，也能吸引更多的球迷欣賞，提升士兵們在戰場上的歸屬感。[31]

然而，職棒明星投入戰場固然對部隊帶來正面的效益，但實際上，這些明星球員也是背負著極為沉重的「使命」與「責任」。在當時投入美國部隊服役的人，主要就分成「義務」或者是「志願」兩種形式。而受到美國大眾所接受，其實是後者居多。對美國人民來說，公眾人物如職棒球員，在戰爭期間下，應當作為表率，表示出對國家的忠誠，志願投入軍中，為國家付出一己之力。因此實際上，第一時間投入部隊中服役的球員，多半是因為要履行義務，而到了一九四三年後，才較多是志願。以洋基狄馬喬與紅襪威廉斯為例，他們倆都並不是戰爭一開始就進入到軍隊中服役。因為他們兩位儘管都在需服役的名單中，但都因為家庭的緣故，可以免受徵召，而不用進入軍營。不過，對於被戰爭情緒纏身的一般國民與媒體，認為他們既然都被列入服役名單內，就應該要履行這個「義務」，而不是逃避。在這樣氛圍下，儘管他們兩位都還是打完一九四二年的球季，但是在這一年內，卻飽受球迷與媒體的輿論壓力。有人說他們是「服役的逃避者」，或者是「逃兵役的膽小鬼」，與此相同論調，在這一年內，一直纏繞在他們身上。最後，在難以與球迷相處之下，最終他們二人都在一九四二年球季結束後，選擇「自願」投入軍隊。[32]

不論球員們是否選擇「自願」從軍，自一九四二年起到戰爭結束，近九成的大聯盟球員都經歷在軍隊中的生活。太平洋戰爭的爆發，使球員們放下手邊最親密的球具，投入戰場。而他們的對手，是與他們有著「共同」棒球文化的日本。日美雙方雖然在戰前非公開的場合，已經有無數次的棒球交流，但對於有著一段長時間的「日美友好」的和平時期，美國大眾心中並沒有普遍的認知。許多的美國士兵，甚至是大聯盟球星，還沒有真正在戰場上與日本接觸時，都不知道日本也有棒球這項運動。[33]而曾經與日本有良好互動關係的魯斯，因為過去與日本接觸的經驗，加上他在日本享有高度的人氣，所以在戰爭末期，美國還曾一度希望藉由魯斯的影響力，與日本達成協議，讓日本選擇提早結束這場戰爭。[34]只是這項計畫尚未付諸施行以前，繼任羅斯福總統一職的杜魯門（Harry S. Truman, 1884-1972），就在一九四五年的八月六日與八月九日這兩天，分別在廣島與長崎投下原子武器，逼迫日本投降。[35]稍後的八月十五日這天，昭和天皇（Shōwa Tennō, 1901-1989）迫於無奈，宣告日本無條件投降，而結束長達近四年的太平洋戰爭，以及十五年的中日戰爭。[36]

無言的抗爭——戰時體制下的聯盟發展

自一九三一年開始向中國進行擴張的日本，似乎就已經注定無法避開走向大規模戰爭的可能。而十年後對珍珠港的襲擊，更加確定將日本帶進開國以來最嚴峻的戰爭。

受到對中國戰爭的影響，迫使職棒聯盟改變方針，因應戰時的國家體制。而確定與美國交戰後，制度上的轉變是愈加明顯。當中對美國的態度，就由過往的崇拜，轉向積極的抵抗。相較於美國，讓職棒選手進到部隊中服役，並透過內部舉行的野球比賽，凝聚軍隊的向心力，提倡愛國心的方式比起來，日本則是直接將政治權力帶入到球場中。具體表現在如對球賽內容的標示上，全面禁用英語，而改以漢字取代；又或者是藉由球場與軍隊的結合，鼓勵軍隊在球場中展演與提倡軍國主義。比起美國，日本政治性的影響，對於棒球的介入，是更為直接。尤其棒球這項運動是透過美國傳到日本，因此要對文化傳播的帶原者進行反抗，選擇在聯盟體制上作變動，是有絕對的必要性。一方面試著消除棒球上存有的美國因子，使棒球轉變成更貼近日本文化與社會的「野球」，這在戰爭期間下，可說是日本對美國文化下的一種沉默抵抗。

「軍國主義」化的職棒

政治力介入聯盟運作早在一九四〇年以前就有跡可尋，不過在與美國交戰後，是更為顯著。

以一九四〇年作為分界，明顯地可以看出日本職業野球的發展，有著很大的轉變。在滿洲之行結束後的九月十二日（另有記錄是十五日），聯盟召開理事會議，率先從綱領中，調整往後的發展。為了因應「新體制時局」，變更的部分主要有以下幾點：一，廢止華麗的服飾；二，規則日本化，取消平手的比賽；三，制服的文字、旗幟、標識皆使用日文漢字，而選手、裁判、場內廣播者在比賽中禁止使用英文；四，球團名稱一律日本化；五，即刻變更用語，以日本語取代外來語表示，如「プレーボール」（Play Ball）改為「試合始め」（比賽開始）、「タイム」（Time）改為「停止」（暫停）、「ゲームセット」（Game Set）改為「試合終り」（比賽結束）、「リーグ」（League）與「リーグ戦」，改為「連盟」與「連盟戦」（聯盟、聯盟戰）。[37]

從上述變更聯盟綱領的幾點看來，主要可以發現到一個明顯的面相，那就是對「英文」態度的轉變。儘管一九四〇年尚未與美國完全交惡，但日本方面似乎已經有意識在不久後，即刻會對美國展開軍事作戰，因此從根本上得讓國民對美國的態度進行政策性的改觀。而職業野球草創時，在制度的各個層面皆從美國直接移植而來，尤其是在比賽的用語上。不論是球員或者裁判，在聯盟成立的初期比賽中所使用的術語，都是從英文而來（用文字表述就是片假名）。因此從綱領對用語的改變，不難看出英語（外來語）在當時日本社會的使用上，是非常普遍的現象。所以聯盟首先在制度上的變動，便是從語言開始。當然，從語言使用的改變來看，便是透過禁止對外來語的使用是最直接的方式。

此外，當初在一九三六年制訂的綱領中，有一條「預期世界選手權的獲得」，也在這次的理事會議上被修改。提案修改的倡導者不是別人，正是當初制訂這條綱領的正力松太郎本人。此綱領在一九三六年時，是正力為了期許日本職棒能夠將來與大聯盟球隊，在世界的舞臺中競賽而特別制訂。如今在理事會上作出取消的更動，看得出正力本人已經下定決心，要放棄日美同場較勁的夢想。同時，新綱領的頒布，也確定讓聯盟走向以國家政策為主導的新方針。[38]

一九四一年初，日美對彼此的仇視尚未激化之前，雙方已經開始針對未來可能發生軍事衝突，而擬訂相關的政策。例如日本方面，對於球員的徵召，比起一九四〇年以前，是更為頻繁。而美國方面，則是要求在日的美國人回到國內，這樣的狀況，使得原先在日本職棒打球的日裔美人，都必須被強制地遣返回美國。[39]等到一九四一年十二月八日，太平洋戰爭爆發以後，日美雙方才稱得上是完全決裂。

一九四二年，日本幾乎走向完全的戰時體制。這個戰時體制，首先具體反映在一般社會大眾的生活中。如生活必需品的食糧與衣料，都開始採取配給制。而為防範來自外國軍隊的空襲，以公司或町內會為單位，進行防空演習。在大學裡，軍事演練成為必修課程等等。以上部分，就屬於戰爭下，一般大眾日常生活規範。而到了球場中，則是呈現另一種樣貌。[40]

隨著中途島戰役（Battle of Midway）後，日本方面開始顯露出戰爭的劣勢，日本對美的反感是愈趨明顯。野球，作為來自交戰國的一項競技，在立場上，已經開始遭到質疑。尤其以軍方的立場來說，認為野球既是敵國文化，且對塑造日本精神毫無助益下，要求聯盟中止運作。受到這樣的質疑聲浪，聯盟為了守護野球，並且讓它持續發展下去，只好讓野球脫離其自主性，走向與國家政策一致的道路。為了讓野球更融入「國家體制」之中，全面地「去美國化」（de-Americanized），以及「戰爭化」（warfare），是聯盟所必需遵行的理念。這個理念實施在球場上的內容，就可以簡單分為三個部分：一是服裝、二是展演、三是用語。

第一，服裝。在聯盟成立時，球員服裝的樣式，是屬於美式風格，也就是球帽中間部分，以球隊名稱的英文大寫字母的開頭呈現，而在球衣上，則是最前方以英文隊名表示。以巨人隊為例，帽子上方是寫成「G」，而衣服前方則表示為「GIANTS」。儘管不是每隊都一定遵照這樣的樣式，但是大底上落差不大。最明顯的相同點，就是每隊在服裝上的標示，一定是以英文呈現，此種風格至少在一九四〇年以前都是如此。到了日美雙方全面交惡後，球衣的樣式就作出變更。首先在全面禁用外來語的規範下，原先在球帽與球衣上的英文字母通通撤掉，改以漢字表示。如巨人隊球帽上的「G」，改成漢字「巨」，球衣的「GIANTS」，也改成漢字「巨」一字，並呈現於左胸。同樣的案例，以阪神虎隊來說，原先在球衣前方一排的英文隊名「TIGERS」取消不用，而以「阪神」兩字呈現在左胸前。而自一九四三年起，到戰爭結束前的這段期間，所有球隊服裝都進行「軍服化」，也就是球衣顏色一律使用象徵國防色的「卡其色」，而球帽部分，則都統一改為戰鬥帽。[41]

第二，展演。在本章第一節曾提過，日本政府在一九四〇年為了慶祝日本建國二六〇〇年，許多的表演與紀念儀式都選在運動場中舉行。一來場地大，容納人數多，二來利用球場的莊嚴感，更能表現出儀式的慎重性。而在一九四一年後，野球場上也增添許多軍事活動與儀式。如在賽前邀請正規軍隊，穿著正式的軍服，分成兩隊，雙方士兵各手持短劍，進行對抗。亦或者是在投手丘附近，架著「美英擊滅」（日：米英擊滅）的看板，讓選手們進行投擲手榴彈的競賽。除了有標示「美英擊滅」的字句看板外，也曾出現有過以美國總統羅斯福、英國首相邱吉爾（Winston Churchill, 1874-1965），或者是中華民國軍事委員長蔣中正（Chiang Kai-shek, 1887-1975）的人形看板作為投擲目標物。[42]球場除了作為展演用途外，也同時被當作成一個小型的軍事用地，如當時的東京後樂園球場的二層看臺上，就架設有防空炮，以防外國軍隊的空襲。[43]聯盟利用種種球場中所展演的儀式，營造出讓人民對美國（或者說是反軸心國）仇視的作法，就好比荷蘭史家赫伊津哈（Johan Huizinga,1872-1945）所指出，「與其說是形象顯現在行動中，不如說是讓真實重現在行動中」。[44]

第三，用語。自一九四〇年開始，日本野球聯盟就針對比賽用語進行改變，主要就是以日本語取代外來語。而這個過程，並非是一次性，而是漸進性的。首先改變的是用語（可參考第三節一開始），而到一九四三年，是整個全面化將「敵國語」英文（片假名）全部取消，而改以漢字表示。雖然在改變過程中，對於術語是否要全盤日語化，「堅持」與「反對」雙方曾有過激烈的辯論。但為了讓聯盟能在戰爭下持續運作，最後只能選擇遵從陸軍的要求，讓比賽術語全面「日語化」。[45]

此種以「服裝」、「展演」、「用語」的政治社會動員形式，可看出聯盟不斷地強化野球在人民心中的地位。在一系列「去美國化」與「戰爭化」的政策影響下，使職棒場上瀰漫濃濃煙硝味，野球熱情的朝氣，也已經蕩然無存。到了一九四四年，日本開始出現敗戰徵兆，加上戰爭對企業影響，更多球員投入戰場，以及因美軍轟炸而中斷比賽事件一再發生，各個球團在不堪負荷之下，此時的野球報國會（日本野球聯盟在一九四四年更改的名稱）決定在十一月十三日終止球賽的進行與組織的運作。[46]而就在聯盟宣佈停止運作不久後的十二月二日，一艘準備開往菲律賓的運輸船遭到美國水艦的魚雷攻擊而沉沒，船員全數罹難，當中就包含著第三次入伍的澤村榮治。

無奈的「非日籍」球員

在國家政策影響下，不僅本國球員受到牽連外，連同樣在日本打球的外國人球員（也包含日裔美國人在內）也不例外。這當中，名聲最為響亮的球員，莫過於就是曾在一九三四年入選日本隊的白俄羅斯人投手——史達魯賓。

史達魯賓生於一九一六年（大正五年），雖然自小就在日本長大，但他並非出生在日本，而是來自遙遠的寒冬國度俄羅斯。在他出生隔年，俄羅斯國內發生嚴重的內戰，也就是歷史上著名的俄羅斯革命（也稱「二月革命」）。史達魯賓的父親，是這場革命慘遭人民推翻的羅曼洛夫王朝（Romanov dynasty, 1613-1917）將領，因為父親與羅曼洛夫王朝有著深厚關係，因此被人民視為「王黨派」的史達魯賓一家，就在革命爆發後，慘遭新興的共產政府追殺。當時年僅一歲的史達魯賓，就被迫跟隨家人離開俄羅斯。他們一家橫越整個西伯利亞平原，再經由中國哈爾濱乘船後，輾轉落腳到亞洲東岸的日本北海道。[47]在發生俄羅斯革命後，不僅只有史達魯賓一家流亡海外。這些被共產政府視為「反革命派」的俄羅斯人，大多不是前往治安不好的歐洲，而是經由西伯利亞，再到滿洲，以方便從太平洋，逃向日本，或者是更遠方的美國。據日本外交警察紀錄，一九一八年逃亡到日本的逃難者有七二五一人。逃到日本而就此安住下來的人也不少，像是史達魯賓一家人，就是如此。[48]

來到日本後的史達魯賓一家，就在父親的決定下，選擇安居在北海道。不過因為是外國人的身份，似乎也讓史達魯賓在生活上多處受到為難，當中，成為一名職業野球選手，就是很特別的一段的歷程。一九三二年（昭和七年），史達魯賓的父親因涉嫌殺害一位女子，而被日本強制遣返回蘇聯，家庭頓時失去經濟的依靠。最後不得已的情況下，一九三四年（昭和九年）史達魯賓就被母親「半強迫」要求下，加入大日本東京野球俱樂部，就這樣踏上職業選手一途。[49]而「成功」成為職業選手的史達魯賓，也並沒有讓巨人球團（即大日本東京野球俱樂部）失望，在一九三八年至一九四〇年的三年間，分別取得單季三十八、四十二、三十三勝的好成績，其中一九三九年所創下的四十二勝，更是目前日本職棒史上單季勝場數最高的紀錄（後來在一九六一年，被西鐵的稻尾和久所追平）。[50]不過就算有再好的成績，但仍舊無法掩飾史達魯賓他「非日本人」的身份。尤其在一九四〇年後，日本對外國人產生諸多的戒心，尤其是與日本站在對立面的國家，如美國、俄羅斯等，因此本身是俄羅斯人的史達魯賓，就得面對到身為戰爭下外國人的自由限制與傷害。

所謂自由的部份，就是不能使用原來的片假名名字。因為史達魯賓是外國人，所以他的名字是使用片假名「スタルヒン」（Starffin）來表示。而在戰爭時期，他無法繼續使用原來的名稱，因此在「強制」改名下，他將「スタ」（SUTA）留下，並以日文漢字「須田」來表示。「須田」在日文也稱作「すた」（Suta），他於是以須田為姓，並另外取名「博」，造出他的日文名「須田博」，就成為他在一九四一至一九四四年期間在日本所使用的名字（按：一九四一至一九四四年他在野球場上的名稱，都是以「須田博」表示）。[51]而在傷害方面，因為有著與日本人截然不同的外貌，史達魯賓好幾次在街上被日本憲兵逮捕或者遭到民眾們攻擊，充份顯示出外國人在當時的艱困處境。儘管作為野球明星，或許是因為視覺媒體尚未普及的情況下，他的長相仍無法深植於日本人心中，就算是運動明星，也無法避免受到日本人對外國人的仇視。最後更到戰爭的尾聲，日本政府將國內近兩萬名的外國人居留者，監禁在離東京北邊一百哩處的輕井澤（Karuizawa），就近監視，這當中也自然包含史達魯賓本人。[52]

在戰爭的陰影下，在日外國人也難逃被日人敵視，但很幸運的，他們並未遭到殺害，比起被殖民者或者是戰死在沙場的士兵來說，已是不幸中的大幸。雖然過著近五年宛如被監禁的史達魯賓，在戰爭結束後重新回到球場，不僅沒有被日本球迷所遺忘，在自己努力下，贏回球迷對他的熱愛，最後更成為日本職棒史上第一位三百勝投手（更是第一位入選日本野球殿堂的外國人）。

消失在戰場的野球人

現今在東京巨蛋旁，立有一座鎮魂碑，主要是在紀念因太平洋戰爭而死去的職棒球員。自一九三七到一九四五，日本職業野球聯盟球員就在國家「號召」下，投入戰場。儘管不少人都能從戰場上倖存，但卻也有不少人，最終無法再次踏入球場。從鎮魂碑上來看，共有七十三位（《鈴木龍二回憶錄》載七十二位，可參考附表六）選手被刻在石碑上，當然，實際上逝世的選手應該不僅只有這樣而已。當中，有不少球員尚未從軍以前，就已經是球隊陣中主力球員。如先前提到巨人隊澤村榮治、阪神虎的景浦將（Kageura Masaru, 1915-1945）、名古屋的石丸進一（Ishimaru Shinichi, 1922-1945）選手等。[53]其中石丸進一選手特別被另立一個碑文出來，以茲紀念。

石丸進一被特別予以紀念的主要因素，是他為唯一志願擔任「特別攻擊隊」（簡稱「特攻隊」，也就是一般所說的「神風特攻隊」）的職棒選手。日本在戰爭後期，已經面臨到來自盟軍對其國土的軍事威脅，為了能夠避免敵軍攻入到日本，於是政府建立「特攻隊」。「特攻隊」首先創建於海軍，而後陸軍跟著仿效。其目的主要就是將魚雷裝備於機上，並讓駕駛員直接搭載魚雷撞擊敵軍停在海上的軍艦。而因為機上並未有任何安全裝置，所以一但成為「特攻隊」的飛行員，幾乎都無法再回到日本。這樣的作戰手法，也是日本軍事史上，首次將本國士兵當作致人於死的兵器。[54]而在此提到選擇擔任「特攻隊」的石丸進一，在尚未投入軍隊前，是名古屋隊當家投手，而其兄長石丸藤吉則是野手，石丸兄弟是日本職棒史上第一對「兄弟檔」。

在一九四三年十二月十日這天，石丸進一接受國家的徵召，進入到佐世保第二海兵團，並於茨城縣土浦的筑波海軍航空隊接受訓練。深知戰場的殘酷，兄長藤吉本來不希望進一投入軍中，但因為是國家命令，不得不服從，所以只能接受這個「事實」。但是藤吉特別要求進一不能投入到最前線，尤其是海軍航空隊，因為生存機率太過渺茫。儘管兄長的再三勸告，進一最後仍「自願」選擇加入海軍飛行科。藤吉儘管不能諒解進一何以堅持作出此種決定，但對於一位「愛國」青年的想法，終究只能抱以尊重。到了一九四五年二月，海軍進行「特攻隊」的招募，石丸進一為了實踐「捨棄自我，守衛國家」的決心，「自願」參加特攻隊。[55]

對於石丸選手最令人印象深刻的事蹟，不僅僅只是他志願投入「特攻隊」的精神，而是他將對野球的執著與熱情，完全投射在戰場。一九四五年春，當時擔任名古屋隊球團理事的赤嶺昌志（Akamine Masashi, 1896-1963），得知石丸投身「特攻隊」後，並與石丸進一私下會面，自己則將其所帶去的一顆棒球交給石丸。這一顆球，也陪著石丸渡過他最後的人生。

於四月二十六日轉進鹿兒島縣的鹿屋基地的石丸，被告知五月一日要出發前往攻擊美軍軍艦。在出發前一個晚上，特別留有一封信，要交給赤嶺昌志，信上是這樣說：

> 選擇棒球作為職業，對我來說，是非常幸福。儘管過程辛苦，但能從中得到快樂。如今二十四歲的我，已經了無遺憾。在人世間的生活即將告終，以海軍少尉身份，對敵軍進行特攻而死，是我的希望。明天五月一日，必定命中敵艦。

我的人生，將以「忠孝」二字作為終結。

四月三十日　海軍少尉　石丸進一

赤嶺昌志先生[56]

從信上可知石丸進一對於當初能加入職棒，以及受到赤嶺的提拔，打從內心表示感謝。但知道自己這次「特攻」是毫無生存機會，只能以書信來表達對赤嶺的敬重。不過原本預計五月一日的特攻，因為氣候不加的關係而取消，並延後至五月十一日。在五月十一日當天出發前，石丸進一特別拿出赤嶺所贈送他的新球，與同時打過野球的本田耕一（Honda Kōichi, 1923-1945），進行人生最後的傳接球。而當時在旁有一位從軍記者，即是未來日本大文豪之一的山岡莊八（Yamaoka Sōhachi, 1907-1978）。他見到他們兩人傳接十球後，石丸就對山岡說：

已經毫無留戀，報導班員，再見。[57]

告別山岡莊八後，石丸就乘坐他所駕駛的戰機，離開基地。而山岡在之後描述自己當時的心境時，內心是非常不捨。尤其是看到石丸與本田傳接球的當下，山岡的眼淚早已經在他眼裡打轉，而無法再看清石丸投球的英姿。[58]不久後，石丸進一所駕駛的戰機，就以自殺的方式，與美國軍艦一同葬身在大海。

石丸進一雖然不是唯一因參與戰爭而逝世的野球選手，但他以「自願」方式投入特攻隊的精神，在當時是非常受到日本大眾所景仰的行為。雖然具體體現日本武士道「忠義」的精神，但終究無法挽回日本即將在不久後戰敗的殘酷事實。[59]

位於東京巨蛋旁的鎮魂碑，刻記著在太平洋戰爭中戰亡的日本職棒球員姓名，以茲追懷紀念。

小結

在戰爭影響下，國家在政治、社會、文化層面都受到牽連，就連運動界也難逃此命運。在戰爭下，原本應當獨立於政治之外的運動，在舉國激昂戰爭情緒裡，到最後也只能依附於國家政策之下，失去其自主性。

日本職業野球聯盟自一九三七年（創立第二年）起，在日本對中國進行戰爭開始，就已經出現向國家政策靠攏的跡象。尤其在一九四〇年，也就是日本「皇紀」建國兩千六百年，透過球場舉辦諸多因「政治」而起的紀念性活動，讓原本作為比賽競技的球場，也徹底沾染上戰爭的氣息。同年七月，聯盟特別前往滿洲國舉辦表演賽，其目的，明顯就是要表達出對國家政策的尊崇。聯盟的走向在此時大致底定，便是要與國家在戰爭中同進退。

而遠在太平洋另一岸的美國，受到太平洋戰爭的牽連影響，不得已也將職棒推進戰爭之中。但是美國卻又不像日本一樣，將國家這隻「看得見的手」，明顯深入到職棒圈內。它並不向日本職棒一樣要求聯盟施行對棒球用語的控管，只不過讓球員投入戰場就在所難免。自太平洋戰爭爆發後，美國大聯盟就有近四百名球員投入到軍隊中，其比重占了全聯盟人數的百分之九十，這是非常可觀。而戰爭的殘酷，也讓許多美國球員無法再回到職棒場上，在這點上，日美雙方皆有相同的遺憾。

純粹以運動應當獨立自主的精神來說，會認為政治不該干涉體育發展。不過在面臨國家存亡之際，這樣想法自然就會一掃而空。在國家投入戰爭背景下，舉國人民之精神需一致對外，才能表現出對國家的忠誠。因此球員投入戰場的這項行為，就成為對國家的一種連帶責任，同時他們也必須作為大眾表率。因此戰爭下的美日兩國職棒球員，可說肩負兩種身分，一是球員，二是軍人。前者是他們的「職業」，後者則變成是「義務」。可知這段期間的球員，背負的使命是如此沉重。

棒球（或者說是野球），在戰爭時期成為服務國家的工具，在日本尤為顯著。尤其從職業野球發展這層面向來看，更是如此。戰爭雖然僅是日本野球發展史上一段過程，但在這段期間中，可以看到國家如何透過政治力量來干涉體育運動，更有甚者，便是直接將其帶入戰爭的枷鎖中。

本章註

1 遠山茂樹等著，《昭和史》（東京都：岩波書店，昭和三十四年〔一九五九〕），頁一四八－一五〇；井上清、鈴木正四著，楊輝譯，《日本近代史》（北京：商務印書館，一九七二年），頁五九六。

2 鈴木龍二著，《鈴木龍二回顧録》，頁九十一。

3 鶴見俊輔著、邱振瑞譯，《戰爭時期日本精神史（一九三一－一九四五）》，頁六。

4 半藤一利著，《昭和史（一九二六－一九四五）》（東京都：平凡社，二〇一五年初版），頁十六－十九。

5 John Whitney Hall著，鄧懿、周一良譯，《日本史》，頁二三一。

6 鈴木龍二著，《鈴木龍二回顧録》，頁八十四。

7 山際康之著，《兵隊になった沢村栄治：戦時下職業野球連盟の偽装工作》（東京：筑摩書房，二〇一六年），頁七十八。

8 遠山茂樹等著，《昭和史》，頁一五八－一五九。

9 大和球士著，《野球五十年》，頁二九三；池井優著，《白球太平洋を渡る：日米野球交流史》，頁一六八－一七一；《プロ野球七〇年史》歷史篇，頁四十七。

10 日本神話中的第一位天皇——神武天皇（じんむてんのう），在他成為天皇時是在公元前六六〇年，因此六六〇再加上一九四〇，就是二六〇〇年。不過以此種「皇紀」紀年的方式，本身帶有政治、國族主義意涵，二戰結束以後，使用就減少。參考鄧洪波編，《東亞歷史年表》（臺北市：台灣大學出版中心，二〇〇五年），頁二十七。

11 鈴木龍二著，《鈴木龍二回顧録》，頁一〇三－一〇四。

12 滿洲日日新聞社對於野球比賽非常熱衷，在一九三六年為慶祝關東州始政三十週年，也主辦過「外地對抗野球大會」，並邀請殖民地的朝鮮、臺灣代表隊至滿洲與大連實業隊、滿洲俱樂部進行對抗賽。參考林丁國著，《觀念、組織與實踐：日治時期臺灣體育運動之發展》，頁二二四。

13 〈全九チーム・二〇〇余名　きのう神戸を鹿島立ち　大リーグ精鋭渡満〉，《讀賣新聞》，第二二八一三號，一九四〇年七月二十七日，土曜日，七版；《プロ野球七〇年史》記錄篇，頁三十四－四十二。

14 鈴木龍二著，《鈴木龍二回顧錄》，頁一〇五－一〇六；《プロ野球七〇年史》歷史篇，頁四十六。

15 日本野球聯盟編，《日本野球競技記錄》，頁十四、十五；遠山茂樹等著，《昭和史》，頁一七九。

16 八紘一宇：原本是統一國內的意思，太平洋戰爭期間成為日本軍國主義進出海外的藉口。〈リーグ"満州陣"きょう奉天に開幕　選手団元気よく到着　ほか〉，《讀賣新聞》，第二二八一五號，一九四〇年七月二十八日，月曜日，八版。

17 中澤不二雄著，《プロ野球》，頁二十三。

18 〈職業野球の新体制　「健全な娯楽」として面目一新◁真剣な試合で〉，《讀賣新聞》，第二二八六一號，一九四〇年九月十三日，金曜日，六版。

19 ABCD同盟國，指的是美國（America）、英國（Britain）、中國（China）、荷蘭（Dutch）等四國。

20 Paul Kennedy著，張春柏、陸乃聖譯，《霸權興衰史：一五〇〇至二〇〇〇年的經濟變遷與軍事衝突》，頁四〇五－四〇七；入江昭著，李响譯，《第二次世界大戰在亞洲和太平洋的起源》（三河市：社會科學文獻出版社，二〇一六年），頁一四一。

21 Iriye Akira, *Japan and the wider world : from the mid-nineteenth century to the present*, (London: New York, Longman, c1997). pp. 76, 83-86；Eric J. Hobsbawm著、鄭明萱譯，《極端的年代（上）》（台北市：麥田，一九九六年），頁五十八。

22 遠山茂樹等著，《昭和史》，頁二〇〇－二〇六；池井優著，《日本外交史概說》，頁二一三－二一二。

23 Robert J. Sinclair, "Baseball's Rising Sun: American Interwar Baseball Diplomacy and Japan". In *SHR*, Vol 16, Issue 2, December, c1985. pp. 50.

24 狄馬喬的連續安打場次五十六場，依舊是美國職業棒球的最高紀錄；而威廉斯的單季四成打擊率，雖然不是美國史上的第一位，但從威廉斯之後，就沒有人再次成功挑戰單季四成打擊率，兩項紀錄至今已經有七十八年的歷史（截至二〇一九年）。

25 Steven Bullock, *Playing for Their Nation: Baseball and the America Military during World War II* (Lincoln: University of Nebraska Press, c2004), pp. 29-30.

26 James A. Percoco, "Baseball and World War II: A study of the Landis-Roosevelt correspondence", in *OAH Magazine of History*, V7 N1, c1992, pp. 55-57. Steven Bullock, *Playing for Their Nation: Baseball and the America Military during World War II*, pp.12-14. Sayuri Guthrie-Shimizu, *Transpacific Field of Dreams: How Baseball Linked The United States and Japan in Peace and War*, pp.184.

27 沢柳政義著，《野球場大事典》（東京：大空社，一九九〇年），頁十八；佐山和夫著，《野球から見たアメリカ》，頁五十四－五十五。

28 James A. Percoco, "Baseball and World War II: A study of the Landis-Roosevelt correspondence", pp55. Robert Elias, *The Empire Strikes Out: How Baseball Sold U.S. Foreign Policy and Promoted the American Way Abroad*, pp. 145.

29 Tope, Jennifer Day, "Fighting the Second World War in Paradise with a Bat and Glove: Major League Baseball Comes to Hawai'I", in *Hawaiian Journal of History*, vol 42, c2008. pp. 267-268.

30 Steve Bullock, "Playing for Their Nation: The American Military and Baseball During World War II", in *Journal of Sport History*, Vol. 27, No. 1 (Spring 2000), pp. 68-69.

31 Sayuri Guthrie-Shimizu, *Transpacific Field of Dreams: How Baseball Linked The* United *States and Japan in Peace and War*, pp. 188.

32 Steven Bullock, *Playing for* Their *Nation: Baseball and the America Military during World War II*, pp.100, 112-114.

33 Robert Elias, *The Empire Strikes Out: How Baseball Sold U.S. Foreign Policy and Promoted the American Way Abroad*, pp. 158-159.

34 有關對魯斯在日本名氣的讚揚，可見美國駐日本大使Crew的日記。Joesph C. Crew著，蔣相澤譯，《使日十年：一九三二至一九四二年美國駐日大使格魯的日記及公私文件摘錄》（北京：商務印書館，一九八三年），頁一五一；Robert Elias, *The Empire Strikes Out: How Baseball Sold U.S. Foreign Policy and Promoted the American Way Abroad*, pp. 159-160.

35 美國在日本所投下的兩顆原子彈，一顆是在八月六日時投於廣島，而八月九日時，原本是要投於小倉，不過因為美國飛行員無法清楚目視目標地，因而將目標地改成長崎。

36 筆者在此採用的是鶴見俊輔的說法。「十五年戰爭」一詞，是鶴見氏最早在其一九五六年刊在《中央公論》當年七月號上的文章〈日本知識人のアメリカ像〉（〈日本知識份子的美國像〉）所用的名詞，他提出這個看法，主要是批判日本將太平洋戰爭或大東亞戰爭看成是對美國的戰爭並不適當，因為這種戰爭觀點，無法掌握這次戰爭的整體結構，而且會將日本在一九三〇年代後的侵略行動給捨棄，使日本人淡化戰爭的責任。此種說法，如家永三郎《太平洋戰爭》一書〈序言〉，也持這種劃分法。鶴見俊輔著、邱振瑞譯，《戰爭時期日本精神史（一九三一－一九四五）》，頁六－九；家永三郎著，《太平洋戦争》（東京都：岩波書店，一九六八年），頁ⅲ。

37 讀賣新聞社編，《讀賣新聞》，第二二八六一號，一九四〇年九月十三日，金曜日，六版；中澤不二雄著，《プロ野球》，頁二十二；《プロ野球七〇年史》歷史篇，頁四十三。

38 鈴木龍二著，《鈴木龍二回顧錄》，頁一〇七－一〇九；波多野勝著，《日米野球の架け橋：鈴木惣太郎の人生と正力松太郎》，頁一一五。

39 鈴木龍二著，《鈴木龍二回顧錄》，頁一一五；Sayuri Guthrie-Shimizu, *Transpacific Field of Dreams: How Baseball Linked The United States and Japan in Peace and War*, pp. 177.

40 鈴木龍二著，《鈴木龍二回顧錄》，頁一一九。

41 中澤不二雄著，《プロ野球》，頁二十五；大和球士著，《野球五十年》，頁三二九。

42 池井優著，《白球太平洋を渡る：日米野球交流史》，一八六－一八七；鈴木龍二著，《鈴木龍二回顧錄》，頁一二七－一二八。

43 鈴木龍二著，《鈴木龍二回顧錄》，頁一一九－一二〇。

44 Huizinga Johan著、傅存良譯，《遊戲的人：遊戲的文化要素研究》，頁一六。

45 大和球士著，《野球五十年》，頁三二七－三三〇；池井優著，《白球太平洋を渡る：日米野球交流史》，頁一七七－一七八；鈴木龍二著，《鈴木龍二回顧錄》，頁一三一－一三五。

46 〈日本野球報国会休止〉，《讀賣・報知》，第二四三七七號，一九四四年十一月十五日，水曜日，四版。

47 戸島龍太郎，〈＜展望＞無国籍投手スタルヒン：心の中の国境〉，《ソフィア：西洋文化ならびに東西文化交流の研究》，五十四（二），二〇〇六年，頁二四〇。

48 宮脇淳子著、郭婷玉譯，《這才是真實の滿洲史》（新北市：八旗文化，二〇一六年），頁一五七－一五八。

49 戸島龍太郎，〈<展望>無国籍投手スタルヒン：心の中の国境〉，《ソフィア：西洋文化ならびに東西文化交流の研究》，頁二四一；Robert K. Fitts著、山田美明譯，《大戦前夜のベーブ・ルース：野球と戦争と暗殺者》，頁二七六－二七八。

50 《プロ野球七〇年史》歷史篇，頁四十一。

51 大和球士著，《野球五十年》，頁三〇五。

52 Sayuri Guthrie-Shimizu, *Transpacific Field of Dreams: How Baseball Linked The United States and Japan in Peace and War*, pp. 196.

53 鈴木龍二著，《鈴木龍二回顧錄》，頁一八一－一八七。

54 大貫恵美子著、堯嘉寧譯，《被扭曲的櫻花：美的意識與軍國主義》，頁二八六－二八七。

55 早坂隆著，《戦場に散った野球人たち》（東京：文藝春秋，二〇一四年），頁一八四－一九九。

56 轉引自池井優著，《白球太平洋を渡る：日米野球交流史》，頁一八八－一八九。

57 轉引自早坂隆著，《戦場に散った野球人たち》，頁二〇二。

58 池井優著，《白球太平洋を渡る：日米野球交流史》，頁一九〇。

59 按新渡戶稻造說法，武士道體系中的「忠義」精神，就是能夠有捨棄生命的覺悟。新渡戶稻造著、張俊彥譯，《武士道》（台北市：笛藤出版，二〇〇八年），頁一二八－一三〇。

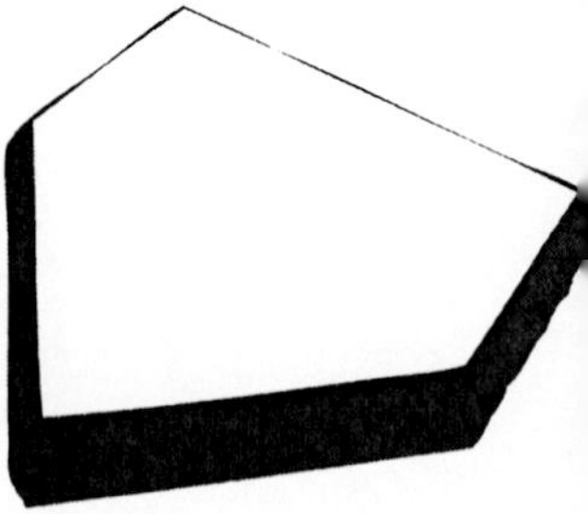

一九四五年的八月六日與八月九日，可說是日本國史上最為慘痛的兩日。美軍為了儘快迫使日本向聯軍投降，於是就在日本本土上投擲兩顆原子彈，使日本國土遭到前所未有的傷害。再加上原本不願參與對日戰爭的蘇聯，同時間向也日本宣戰，並且南下襲擊滿洲國，使得日本遭受來自東西兩邊的威脅。最後不得已在八月十五日這天，日本天皇以《玉音放送》的方式，向全國人民告知日本投降的事實，正式宣告戰爭的結束。

戰爭的結束，也象徵新時代的到來。而日本作為此次戰爭的敗戰國之一，是故必須接受來自聯軍的制裁。代表聯軍來到日本接受受降的，是一直與日本關係深厚的美國。自明治維新開國後，日本與美國的連結，除了在一九四一至一九四五年戰爭期間一度的中斷外，雙方始終保持著一定程度的互動。自戰爭結束後，美國再次蒞臨日本這個島嶼，一方面代表盟軍來進行接管的工作，一方面則是促使日本國體，導向美式

第四章——重生

職業野球的再起

1945-1949

的民主。而對日本來說，過去曾經嚮往的文明國家——美國，如今因為戰敗，而再次前來。這次不僅帶來新文化，同時在政治與社會上，更加諸戰勝國的思想。

原本在一九四四年終止的日本職業野球，因戰爭的結束，而在一九四五年年底復甦。此時復甦的職業野球，就是讓日本找回屬於他們的精神象徵，進而走出戰爭的陰霾。而職業野球在復甦過程中，除了聯盟本身盡非常大的努力，讓未來走向得到穩定發展外，美國的介入，也在這職棒復甦中，佔有重要影響力。不論是日美對抗賽，亦或者美方介入聯盟運作，再再顯示出日本職業野球發展，與美國仍具有不可分割的關係存在。

自一九四五年二戰結束到一九五〇韓戰爆發前，美國佔領日本的過程中，一方面使日本消除帝國主義思想，另一方面則是將日本拉入美方陣營，建立起反共的太平洋防線。戰後野球在日本的發展，仍是具有聯繫日美友好的作用。

美軍統治下的日本

受到美國兩顆原子彈攻擊後的日本，同意接受《波茲坦宣言》（The Potsdam Declaration），無條件投降盟軍，宣告世界大戰的結束。[1] 而在盟軍方面，則由美國代表前來接受日軍的投降。曾經有過友好關係的兩國，因為太平洋戰爭而結怨，如今戰爭後，又再次將兩國維繫在一起。如果不是由美國「單獨」佔領，相信日本沒辦法在短時間復甦，恢復國力，進而成為美國在遠東不可或缺的合作夥伴。因為有著過去八十年的共同歷史記憶，使美日兩國並未因戰爭而徹底斷絕關係，反而還因為美國「單獨」佔領日本情況下，使兩國發展成比過去更加緊密地連結在一起。

再次的「開國」

一九四五年八月十五日，戰敗國日本的最高領導人——昭和天皇，以罕見《玉音放送》，向日本全體國民宣告日本投降，正式結束「第二次世界大戰」。[2]接著，以美、英、法、蘇為首的戰勝國，開始要進行戰後的重建工作與對戰敗國的審判，進而重新建立起新的國際秩序。當中，又以美國在日本的佔領上，扮演最重要的角色。

第二次世界大戰，不僅破壞戰前國際社會的結構，而且造成前所未有的人員傷亡和難以估計的資源損失。而此時美國作為在軍事、經濟、文化等各個領域，都較其他國家，具有壓倒性優勢的超級大國而嶄露頭角。加上美國又是這次聯軍能夠戰勝軸心國的關鍵角色，國際地位得以提升，並成為新世界秩序的建設者和維持者，進而登上負責管理世界的霸權國家的位置。[3]

成為新霸權的美國，結束戰爭後的首要任務，便是以聯軍領導者身份，開始處理善後的工作。有鑑於第一次世界大戰後對戰敗國軍事、經濟上的制裁，進而導致後來二戰的爆發。這次聯軍再度面臨到處理戰敗國的情況，為了不重蹈覆轍，因此不像上次那般「蠻橫地」對戰敗國進行剝削，而是以佔領、協助重建的方法，降低再次戰爭的機會。尤其以美國佔領日本來說，就是一次民主主義式的實驗。過去，是在戰後以偏向「報復性」的手段進行對戰敗國的制裁，而這次則以優先非軍事化、民主化的形式，直接來改變戰敗國的國家體制，以符合二戰後所倡導的國際趨勢——民主。[4]

為了有效的佔領日本，美國認為的作法主要有二：其一，佔領國要實施佔領之前，就先要通過長期的地域研究，累積被佔領國及其文化相關的大量知識和訊息；其二，政策的制訂者，必需要最大限度的靈活運用有關被佔領國地域的研究成果，深入理解被佔領國的國民及其文化。也就是說佔領國的領導者，應該將地域的研究成果，轉化為實際的政策，並加以付諸實踐。[5]這樣的治理方式，就在盟軍接受日本的投降後，由盟軍太平洋戰區最高統帥麥克阿瑟（Douglas MacArthur, 1880-1964）所承接。

九月二日，聯軍與日本在東京灣上的美國軍艦「密蘇里號」（USS Missouri BB-63）上，舉行受降儀式。聯軍簽署的代表，是同盟國在日本的最高司令官麥克阿瑟，而戰敗國的日本，則是由代表日本軍方的梅津美治郎（Umezu Yoshijiro, 1882-1949）將軍，與代表日本府方的外務大臣重光葵（Shigemitsu Mamoru, 1887-1957）簽署受降書。而選擇在「密蘇里號」上舉行受降儀式，本身即帶有歷史的象徵意涵在內。首先「密蘇里」是當時美國總統杜魯門的故鄉，在這次大戰中，他力主執行已故的總統小羅斯福的政策——也就是敦促日本「無條件投降」。再者這次受降儀式中，有兩面旗幟，一面是一九四一年，日本襲擊珍珠港時，飄揚在白宮屋頂上。另一面，則是上頭有三十一顆星的美國星條旗，是美國海軍准將培里所搭乘「波瓦坦號」曾經使用過。一八五三年，當時培里所使用的「炮艦外交」，結束日本長達兩百年的鎖國，促使日本走上最終災難性的與西方列強爭霸世界的歷史進程。到了一九四五年，經過約百年時間，美國人重新以象徵先進的科學技術與龐大的海陸空艦隊而來，搭配以培里舊日的旗幟，炫耀著對日本的懲戒。[6]麥克阿瑟的到來，與當年培里的來日，有著極為相似地歷史作用。儘管培里、麥克阿瑟雙方前後來日本目的不盡相同，但皆是促使日本開放其國土，重新與世界接軌與對話。

日本在確定投降盟軍後，隨即就由美軍進行軍事上的佔領。比起另一個主要戰敗國德國，是由美英法蘇四國分割佔領，日本卻是由美國單獨佔領，實行間接統治。[7]而此「單獨」、「間接」的統治，則呈現出三個特點：第一，使日本免於遭受如韓國、德國一樣領土被分割的命運；第二，由盟軍最高司令官總司令部（General Headquarters，簡稱GHQ），及駐日盟軍總司令（Supreme Commander of the Allied Powers，簡稱SCAP）兩個機構對日本進行管理；第三：聯合國在日本的控制，並不是由聯合國直接統治，而是透過日本政府，或者其他國家機關，進行間接管理。而日本政府仍可直接對國民進行政策的直接下達。[8]

綜觀以上三點，說明戰敗後的日本與美國之間，能重新建立起一個緊密的互動關係，不是沒有原因。因為在美國「單獨佔領」下，日本避免國家受到土地上的分割，也就保有國家「完整性」。加上佔領國又是對日本有著長久文化連繫的美國，日本的態度，似乎就傾向一種不抵抗，而是選擇擁抱的心境。

重新對美國的定位

在戰爭時期，日本政府透過宣傳，賦予美國「鬼畜」的稱謂，也就是惡魔。由這句稱謂可知，當時日人看待美國的心態，是極為厭惡。不過一到天皇以「玉音放送」宣告戰爭結束以後，確定由美軍代表聯合國來接收日本，日本對美的態度，卻有了一百八十度的轉變。

當確定聯軍即將到來時，日本將面對開國（公元前六六〇年）以來，首次國家遭受到外來者的「領土佔領」，也因此造成日人極大恐慌。作為戰敗國的日本，本身就沒有條件可當作投降的籌碼，只能等待可能被戰勝國進行的報復行動。從一九三一年侵略戰爭開始，一直到投降這段期間，日本耗費龐大的精力在向外擴張以及保護國土。國民在國家主義的教育下，「一億一心」口號深入社會各個角落，不論無形與有形都加深日本民眾對戰爭的投入與刺激。然而兩顆原子彈，很快就徹底粉碎日本對外侵略的野心，緊接著面對的是毫無預想的未來。而預計要來接受日本的美軍，實際上，極度擔心在登上日本土地後，會遭遇到頑強地抵抗，但最後並未發生這樣的問題。

按美國學者研究，日本因為民族性的問題，選擇「無條件」接受戰敗事實。在以天皇為精神象徵前提下，日本不願接受「失敗」路線，不過他們也很難預測自己選擇的路線是否正確。日本自明治維新後，將天皇視為其國家精神象徵，天皇所作任何決定，就是國家「必須」遵循的「聖旨」。而生活於一九三〇年代時的日本人，普遍認為能藉由軍國主義贏得世界的敬佩——一種靠強大軍事實力所爭取來的敬佩——於是他們心甘情願地為這一連串戰爭計畫做出犧牲。不過在八月十四日（日本時間為八月十五日），日本精神領袖天皇，告訴全國人民日本投降的事實。很快地，日本人就接受這項事實。[9]投降前還發誓以竹槍死戰到底的日本人，卻在最短時刻接受戰敗事實，表現對美友好的態度。「坦承接受失敗的事實」、「日本必須得到世界各國的尊重」或許就戰敗當下來說，是對國家最好的方式。[10]

雖然美國學者在對日本能以和平方式投降這件事上，讚揚日本人的精神。但是在部分日本學者研究看來，則不然。這類學者以為，日本大眾在戰時下，還一直咒罵著美國為「惡魔」，然而一到投降時又即刻選擇擁抱，這是非常奇特地現象。如果以現代伊拉克為例，來對比戰後日本，就不會認為日本人是多麼誠摯地承認敗戰，或者日本民族性原本就討厭戰爭。以日本「不足信賴」來描述這種現象，有點像是批評日人態度轉變既極端又迅速。如前一天還大呼「一億人玉碎」、「你們身為戰士的人，如此軟弱，怎麼辦？」並且還大刺刺賞人耳光的人，卻從隔天開始，說出「從此以後是美國人的天下」、「民主主義」這些話來，轉變如此快速，怎不令人吃驚。[11]

除了心靈上的接受，「身體」的佔領也形成日人對美國態度的接受。在戰爭期間，總是在日本社會中，瀰漫著「如果打敗戰，日本女性都將淪為美國人的妾。覺悟吧！」這類輿論，其實讓日人非常害怕。原因出於他們在進行侵略戰爭時，徵召許多殖民地婦女投入慰安婦的工作，如今他們的女人，也有可能遭受來自外國的侵犯。為了預防這類事件發生，內務省在投降後的三天，即撥出一億日幣融資，特別成立特殊慰安設施協會（Recreation and Amusement Association，簡稱ＲＡＡ），負責讓婦女替佔領軍進行性服務。特殊慰安設施協會的建立，是美國事實上「佔領」日本的身體符號。如果說天皇是隱藏在麥克阿瑟背後與佔領權力背後的代理性等級秩序；那麼這些女人的身體，便是讓人徹底感受到佔領暴力的實體。即便美軍樣貌消失在大眾傳媒，以及不見麥克阿瑟其蹤跡，但這些女人的身體，都徹底呈現出日本被美國佔領的事實，而且這項決定，竟然還是日本自己主動的。[12]對於能夠在短時間對佔領國進行「友好」示意，連日本人自己都不敢置信。當初僅僅因為強烈個性好戰的日本人，在敗戰的瞬間，立刻就變得一副殘弱不堪的模樣，看在眼裡，實在很可憐。因此從這一點上，似乎也反映了日本民族「不可信賴」的感覺，也就是民族的不堅定感。[13]

「不可信賴」，或許可說是日本能夠輕易接受美國受降的一種態度。但如果從歷史脈絡來看，戰後日本在接受美國的態度上，在過去是有跡可循。不過是將過去對美國的認知，重新搬回到現在（指一九四五年後）。大體而言，自黑船事件以來，日本民眾的內心，即將美國視為一種「現代性」的象徵，也就是說近代日本中的「美國」，和推動富國強兵的天皇制國家所體現的現代性，相互連結著，還總覽「作為他者的近代性」的形象。天皇制的威權與美國的形象，構成十九世紀中葉以來日本人所認為的近代，尤其在大正時期，日本開始大規模接受美國。日本所孕育的美國形象，在昭和時期得到強化，因此更加容易讓美國形象投射在日本之中。不過因為日本本身在對美國形象的投射中，處在低位的一面，因此這種不對等的關係，就影響雙方之後的接觸。太平洋戰爭爆發後，日本方面頂多將對方貼上「惡魔英美」的標籤，無法再以更嚴厲的言語怒罵對方。但另一方面的美國，卻能輕而易舉將日本具體形容成劣等且殘忍的他者形象。[14]

對日本人而言，無論在物質或精神上，戰敗是有史以來最初也是最大的打擊。然而，日本國內卻不見對佔領軍的反抗，倒是明治以來日本人對西方的崇拜，轉變成對美國的崇拜，加上天皇制被保存下來，因此戰敗並沒有徹底改變日本人的國民性。[15]從明治以來對美國持有的崇拜思想，在戰後持續發展下去，也因為有這樣的想法，所以在看待有著美國「影子」的棒球這項運動上，並未有過多阻擾。日本大眾對於野球深厚的情感，不僅在戰後能夠迅速恢復到戰前的盛況，甚至到後來更加擴大，使野球成為日本撫平戰爭傷害最大的精神支柱。

從焦土復甦的野球

在戰爭影響下，自一九四〇年開始陸續衝擊到野球界中。先是學生野球被迫中斷，再來是社會人野球，最後，連職業野球也難逃被停止的命運。於是在一九四四年年底，野球報國會就宣布停止聯盟運作。也就從此刻起，野球在日本的發展，就這樣短暫沉寂下來。而到戰爭結束後，日本重新與世界接軌，而在運動場上，則是積極尋求野球在日本社會的復甦。

作為在戰爭時敵國主要運動之一，野球在戰爭期間的日本社會中，雖然因為政策關係而被迫終止發展。然而經過近八十年（一八七二－一九四五）的扎根，野球這項運動早已經深入到日本民眾的內心，型塑成重要的歷史記憶。因此在戰爭結束後，就有不少聲浪要求恢復野球的活動，由此可知野球在大眾心中具有重要性的存在。

戰後日本在恢復野球的過程中，除了日本自己本身極力進行從事野球的復甦，另一項重要因素在於美國盟軍介入。日本在盟軍的佔領下，不僅在政治、社會、經濟、文化皆受到其影響，就連運動也是如此，如公眾體育場的使用就必須徵求盟軍的同意下才能使用。不過因為兩國有共同的運動文化，因此儘管球場受到盟軍的控制，但是對於日方想重振野球並未給於嚴厲的阻擾，反而還給予實質上的幫助。因為與日本有著政治上連結，加上棒球在兩國間都存有不可動搖的共同歷史記憶，即使在被佔領下，野球依舊能夠有穩定發展與成長。

日本棒球作家佐山和夫就形容，戰爭結束後來到日本的美國士兵，不僅只為佔領日本而來，而是與「和平、民主主義和棒球一同到來」。[16]

美軍協助下的野球復甦

八月二十三日，也就是日本投降後的第八天，報紙首次刊登有關「野球」的報導，隱約說明野球將在不久後重現於日本。[17]然而在戰火肆虐下，重建過程可說是非常艱辛。以高校野球來說，傳統強校早稻田實業高中（早實），其校舍在五月二十五日的東京空襲中，遭到嚴重的損害，導致學校在戰後無法立即開學，也讓野球活動需暫緩兩個月，一直到同年十一月，才能恢復校隊的運作，甚至是進行比賽。像早實這樣遭受到戰火影響的案例，在當時可見於日本各地方的學校。[18]

而在職棒方面，八月底時，鈴木惣太郎親自到正力松太郎的宅邸訪問，並且詢問正力是否有恢復職棒運作的意願。然而，正力的回答是覺得現在時機點不合適，使得鈴木大感驚訝。正力認為儘管戰爭已經結束，但是日人心中仍存有對外國的敵視。正力以他的經驗說明先前在往來東京與橫濱的火車上，就曾經目睹日人與美人的衝突。因此他認為棒球屬於美國的運動，如果草率讓職棒開打，恐怕會得不到球迷支持，反而還會影響到日後的發展。[19]

除了他們二人以外，戰前職棒圈的不少相關人士，也同時關心起野球運動能否在日本重新發展。前日本野球聯盟事務局長井原宏，在十月初時，身穿軍服與鈴木龍二碰面。井原在酒酣耳熱之際，就向鈴木問起是否要考慮恢復職業野球的運作。鈴木聽到這話，雖然自己心中有意，但是他與正力松太郎想法一致，認為日本剛結束與美國戰爭，如果草率恢復美國的運動，是有可能導致反效果，不為球迷所領情。井原就回應鈴木：「棒球，因為是美國國技，所以有復興的必要。日本現在已經沒有軍隊，所以必須以徒手的方式做好外交，而棒球是最好的選擇，至少我是這麼認為」。[20]

井原的一席話，當下就引起鈴木的共鳴。在得知井原的意思後，鈴木很快就著手進行諸多相關聯盟的重建工作。在井原尚未與鈴木龍二見面前，鈴木龍二就曾與鈴木惣太郎一起討論過有關戰後職業野球的重建。前者之所以找上後者，乃是後者因為在戰前與美國方面有著要好的關係，於是藉由透過鈴木惣太郎擔任中間者的角色，好跟盟軍進行關於賽事的協調。[21]

戰後初期有關野球的重建，是需要透過與盟軍協商的方式才得以進行。主要因素在於盟軍來到日本後的佔領，除了政治上要求日本放棄天皇的神聖性、解散軍隊、制訂戰犯外，同時也對許多大型設施進行控管，當中就有野球場。[22]而佔領球場的美軍，是屬於第八軍，而這第八軍又分為第一與第九兩個軍團，主要在未來與野球聯盟最相關的組織是第一軍團。第八軍中，有設立特別處理部門（Special Service Division，SSD），負責球場佔領後的運作管理。從第八軍來到日本的八月底，便開始進行對球場的接收。在東京地區的主要球場，如後樂園球場、明治神宮球場等，都在此行動中歸盟軍所接收。因此如果要使用球場進行球賽，都必須得經由SSD的核准才可以。而棒球本身作為美國重要的娛樂活動，就會發現在佔領期間會有美軍球隊，如第八軍、第一騎兵隊、以及GHQ直屬部隊，在球場中舉辦他們的棒球比賽。[23]

球場遭受美軍接管後，如鈴木龍二、鈴木惣太郎等人，都積極尋求管道與美軍接洽。所幸在美軍當中，也有人對日本野球有著極大興趣，樂於伸出援手，協助日本野球的重建。

在井原宏與鈴木龍二私下會面前的九月二十六日，鈴木惣太郎邀請當時在橫濱駐防的SSD官員至他的宅邸。而當中一位年輕的美軍少尉希斯勒（Dick Sisler, 1920-1998），就看到鈴木放在客廳中的一系列有關一九三四年美國代表隊訪問日本的照片，當中還有著魯斯的簽名球棒。說他自小就非常崇拜魯斯，同時也很開心鈴木也喜歡著棒球這項運動，於是雙方後來的話題就環繞在日美棒球的議題上。這位青年希斯勒，不僅在隔年成為職業棒球員，他的父親更是活躍於美國職棒一九一〇至一九三〇年代的喬治・希斯勒（George Sisler, 1893-1973），老希斯勒在美國職棒最著名的事蹟，就是在一九二〇年時創下一季二五七支安打紀錄（不過此項成績在二〇〇四年，被來自日本的鈴木一朗以單季二六二支安打所打破）。雙方在交談中提起有關未來日本職業野球發展的動向，其中也特別針對球場的使用進行討論，最後雙方達成共識，也就是美軍方面批准日方使用球場。之後雙方仍有數次的會面，更進一步將美國的民主化政策與日美棒球的話題結合在一起。[24]

在東京地區，有鈴木惣太郎等人與美軍進行對球場使用的相關討論。而原屬於日本野球聯盟的關西地區球團，也在同時間針對復興野球的事宜，進行協商。在十月二十二日，位於大阪地區的南海、阪神、阪急、朝日等四支球團高層，於南海本社進行開會。會中初步達成共識，主要決議便是將原先一九四四年所稱「日本野球報國會」，改名回戰前的「日本野球聯盟」，並且宣布聯盟重新運作。[25]在確定復興相關政策後，由阪急隊代表以書面方式予以記錄。十一月六日，阪急球團代表攜帶關西球團所達成的協議書前往東京，與在東京的鈴木龍二、名古屋代表赤嶺昌志，決定往後聯盟發展及運作。在這場會議中，除了重申十月二十二日關西球團所決議的要點外，另外還進一步提到是否舉辦「東西對抗賽」，來喚醒球迷對職業野球的關注。會中提到，早在十月二十八日這天，東京六大學中兩支名校早稻田與慶應，就在明治神宮球場恢復舉辦著名的「早慶戰」。既然美駐軍都願意開放球場給六大學使用，那職業隊應該也可以被允許使用球場。當時明治神宮球場由第八軍所接管，並改名為「Stateside Park」，從字面上直譯，意思為美國地區外的公園。會中討論希望藉由在明治神宮這象徵日本精神的球場，進行戰後首次的日本職業野球比賽。於是，能否租借到神宮球場，就成為本次會議討論重點。所幸在惣太郎與美軍交涉下，順利取得球場的使用認可，也確定在十一月底，能夠順利舉行「東西對抗賽」。[26]這也是日本職業野球首次在明治神宮球場進行比賽。

於是就在十一月六日與七日這兩天，日本野球聯盟在事務所召開全體理事會，正式宣告職業野球聯盟在戰後恢復運作。[27]

十一月八日，鈴木惣太郎被任命為聯盟外交局長，負責與盟軍交涉球場使用權。十三日，獲得神宮球場的使用許可，也確定在十一月二十三日神宮球場、二十四日桐生市新川球場、十二月一、二日西宮球場共四天，進行東西對抗賽。[28]

自八月十五日日本無條件投降美國後，國家從上到下，皆納入到美國的政治體系下。面對到日本有史以來首次遭外國勢力所佔領的困境，日本國內積極尋求心靈上的慰藉。而戰前一直被視為國家重要娛樂的野球，自然是戰後首要恢復的主要娛樂之一。特別是在有「共享歷史」的棒球下，美國在面對到日本方面尋求野球復興這項舉動，不僅沒有阻擾，反而還放寬對球場的控制，讓學生聯盟，甚至是職業聯盟使用球場。

除了上述所提到的希斯勒，ＧＨＱ經濟與科學局（Economic and Scientific Section，ESS）的局長麥卡特（William Frederic Marquat, 1894-1960），可以說是戰後初期對日本野球復興的關鍵人物之一，其影響力更在希斯勒之上。尤其當麥卡特見到戰後百廢蕭條的日本社會時，就認為如果要治理日本，除了野球，別無他法。他熱衷於野球這項運動，所以他在擔任經濟與科學局局長任內，不僅經常與野球相關人士訪談，同時也協助建設球場，故說他是日本野球能在戰後復活的代表人物一點也不為過。[29]

美軍來到日本後，當中有不少高階官員對棒球保有熱情，因此在佔領日本時，仍不忘透過野球，與日本保持一定友好關係。其實就連最高司令官的麥克阿瑟也不例外。曾擔任過西點軍校棒球校隊左外野手的麥克阿瑟，他在任內就利用這難得機會，去推廣美日兩國都喜愛的這項運動。為了使棒球可以從基層做起，麥克阿瑟還要求為日本孩子提供數以千計的棒球及棒球手套，這項要求，在當時還另戰爭部極為困惑。不過有件事麥克阿瑟不清楚，那就是早在他下令前，在民間已經有美國大兵，自發性地教導日本孩子如何打球。[30]

再建職棒——戰後首次「東西對抗賽」

美軍在日本各地透過教導日本孩童打棒球的這項舉動，拉進與日本大眾的距離。另一方面，職業野球聯盟在確定日期與地點後，正式對外宣告舉辦戰後首次「東西對抗賽」。[31]此消息在新聞報導後，球迷為之興奮。因為這是他們睽違近一年時間，總算能有職業球賽可以觀賞。不過因為處在美軍接管下的關係，許多比賽用的物資是非常缺乏，是故在舉辦對抗賽前，聯盟最需要解決的問題就是球具。

為了能夠趕在「東西對抗賽」舉行前取得比賽用的相關球具，當時身為聯盟會長的鈴木龍二，就獨自前往位於關西兵庫縣的西宮球場，拿取比賽用的球具。會選擇前往西宮球場，在於它是戰後沒有被盟軍控管的球場之一，因此也得以保存許多比賽用球與球具。而在「東西對抗賽」中，它也被安排了兩場比賽。就這樣鈴木以最快的速度，帶著球場所存四打球、八支球棒、五個手套，在關西事務局的協助下，急忙趕回東京。[32]從關西運回東京的球具，雖然就數量上來說，尚且微不足道，卻有如全日本民眾最迫切需要的陽光。[33]

儘管因為戰爭影響，使原本戰前職棒球隊，在運作上都有困難。不過為了重建職棒，所有球團仍不辭辛苦持續讓球隊運作，以步上如戰前的軌道。

十一月二十三日，在明治神宮球場舉行戰後首次的「東西對抗賽」。聯盟現存的七支球隊，按地域分成兩支聯軍，東軍以巨人為首，與參議員、太平洋、名古屋所組成；而另一邊則是以阪神為首，與阪急、南海三隊，組成西軍。[34]這場比賽，是戰後第一場職業比賽，吸引近五千位球迷湧進神宮球場，連ＮＨＫ電視臺也進行實況轉播。[35]足以想見，日本球迷是相當期待職業野球能再回到大眾的生活中。

作為「象徵」戰後日本職業野球重建第一步的「東西對抗賽」首戰，由東軍以十三比九獲得勝利。但就比賽內容來說，可能無法令近場球迷感到滿意。整場比賽下來，雙方打者合計打出三十四支安打，而雙方投手則投出高達十六次四壞球保送。就這以兩點觀察，會知道戰後各隊的投手，都無法發揮出戰前應有的水準，以致於反應在投打對決上，是對打者較為有利。雖然就帳面成績來看，以明星賽應有的「水準」來說，這是不及格。然而要以戰前球員水平來做比較，又顯得有些嚴苛。隔天《讀賣新聞》便針對比賽結果進行分析，認為主要是由於選手們賽前缺乏訓練，再加上前一天場地因下雨因素造成球場積水而變成泥濘不堪，導致選手們在場上無法發揮出應有的水準。這樣的說法，應該是較符合當時的背景，至少在球迷心中，仍要保有「職業」應有的形象。[36]值得一提，臺灣出身的選手吳昌征（1916-1987），在這場比賽擔任西軍的第一棒，中外野手。[37]

儘管遭受到練習不足、技術層面的批評與質疑，不過就當時環境來說，這般比賽內容的呈現應當是可以被接受的。這也是從焦土中，重建職棒所必然面對的過程。「東西對抗賽」，不僅是將球迷從戰爭的陰影中給拯救出來，同時也重新造就出未來日本職棒許多的明星球員，使職棒重新開創一個嶄新的局面。

隨著「東西對抗賽」的舉辦，重新喚起球迷對野球的熱情，讓球迷感受到生活之中，沒有野球是不行的。而在球迷盼望下，也順利使職棒在一九四六年重新開幕。一九四六年新球季的觀眾人數，也是自聯盟創立以來，首次全年度進場人數突破一百萬人，達到一六五萬人。比起戰前在一九四一年所創下的八十六萬人，還多近一倍。[38]從進場人數在戰後轉變如此大的情況來看，日本球迷渴望的，不僅是戰爭後所帶來國家的和平，更需要尋求心靈上最大的慰藉。而能觀賞野球比賽，便是最好的選擇。

邁向新道路——走向穩定發展的職業野球

隨著美國在佔領下對日本的重建，逐步使日本從戰爭的陰影下走出。而日本自投降後，與美國的聯結更加緊密，因此在後來國內政治、經濟、文化上，都帶有明顯的美國身影。而原先以為戰爭結束可以帶來和平的日子，卻因為新的國際衝突，再次使國際情勢變得不安穩。作為美國佔領下的日本，因為地理上位於太平洋戰略地帶，使得美國必須重新省思對日政策。尤其隨著美蘇在國際上的交惡，美國對日政策轉變，不再僅是復興日本，而是要將其塑造成政治安定的工業國，使其成為美國在東亞最穩定的盟友，以防蘇聯對亞洲的赤化。

而在職業野球場上，也在韓戰爆發前的一九四九年，迎來戰後最關鍵的時刻。這一年，主要發生兩件大事：一為美國棒球隊再次來到日本訪問，二是職業野球聯盟從單一走向雙聯盟制的分裂。

而這次來日訪問美國的球隊，是由與日本職業野球界關係深厚的歐道爾，所領軍的美國太平洋灣岸聯盟舊金山海豹隊。這也是自一九三四年日美交流賽以來，相隔十五年，再次有美國職業球隊來到日本訪問。有別於前次貝比・魯斯是為落實日美「和平」而來，這次歐道爾的到來，似乎是為鞏固與重新建立日美雙方「友好」而來。

另一方面，野球聯盟因為獲得球迷支持，開始提出增加球隊數，以及仿效美國職棒模式的兩聯盟輿論。不過因為牽涉到諸多問題，在一九四九這年，聯盟高層內部爭吵不斷，最後就分裂成以阪急為首的「太平洋聯盟」（Pacific League），以及巨人為首的「中央聯盟」（Central League），自此奠定日本職業野球兩聯盟體制，一直延續到今日。[39]

重溫戰前日美情誼

一九四九年十月十五日這天，在後樂園球場位於中央的記分板上，高掛著兩面旗幟。一面是美國旗幟，另一面則是日本的日之丸旗。雖然戰後一邊屬於戰勝國，一邊屬於戰敗國，但如今在球場上，他們彼此身份是對等。這場比賽是由地主讀賣巨人隊（已從東京巨人隊改名），迎戰來自美國3A的舊金山海豹隊（San Francisco Seals）。兩國國旗在球場中飄揚，以及國歌的吹奏，都是戰後的第一次。而麥克阿瑟的夫人，則是擔任這場球賽的開球嘉賓。[40]麥克阿瑟夫人所投出球的那一刻，不僅代表是日美兩國相隔十五年後，再一次以棒球交流賽維繫兩國情誼，同時也象徵著日美將更進一步走向國際上的合作。

帶領舊金山海豹隊來到日本的總教練歐道爾，在戰前就與日本職業野球有著密切關係。他不僅在一九三一年與一九三四年皆參與日美棒球交流賽，更在之後擔任東京巨人隊在美國的顧問，在他所處的時代中，應該是對日本野球理解最深刻的美國人。這次以總教練身份再次來到日本，他的內心情緒是非常複雜。因為在戰爭中，他許多的友人都在與日本交戰中戰死。儘管令人傷心，不過他仍有必要再次造訪此地，因為他知道，透過棒球比賽，是可以再次接合日美之間的情誼。[41]

而這次歐道爾的訪日，與前兩次美國隊來日有很大的差別。前兩次主要是透過讀賣新聞社單獨邀約美國代表隊，而今次則是由美國在日佔領軍所提起。意即這次的比賽，是由官方所認可，並且帶有很深刻的政治意涵。戰後最初日美交流賽的構想，早在正力松太郎就任聯盟總裁時，就已經提過「招聘美國球團」來日的具體聲明。[42]不過尚未對美國邀約前，就先被GHQ先行一步實施這項計畫。

在一次經濟與科學部門會議上，麥克阿瑟談到日本國內經濟與民心低落的問題，於是向列席的官員進行詢問，是否會有好的方式，能使日本振作。而此時擔任中尉的原田恒男（Tsuneo "Cappy" Hanada, 1921-2010），就在會議中建議麥克阿瑟，藉由美國棒球隊的訪日，喚醒日本民心，絕對是最好的選擇。麥克阿瑟聽完原田所回應的話後，便對著原田說：「那你還在等什麼呢？」[43]原田會這樣建議，最主要還是在於他熟悉日美兩國曾經有著共同的棒球記憶。尤其是先前兩次日美交流賽成功的美好經驗，使美方認為，透過日美雙方都喜愛的運動，確實有機會達到讓日本大眾提振精神，更重要地是改善美國在日本眼中的形象，絕不僅僅只是當作「佔領軍」來看待。

由原田所提議交流賽的方案，本身就即具說服力。身為日裔在美第二代，原田從小就跟隨父親參與棒球比賽。他也在一九三六年時，與正在美國巡迴的東京巨人軍，進行過友誼賽。也是在這場比賽中，讓原田與鈴木惣太郎相識。日本投降後，原田就隨著美國佔領軍來到日本，並任職於麥卡特的部門。因為原田是日裔二代，對日本就持有一種親切感，加上日本血統的背景下，自然就成為美國軍方與日本的溝通橋樑。[44]

雖然在戰爭結束後不到半年期間，野球聯盟就開始重新運作。然而因為物資匱乏等因素，許多問題仍困擾著聯盟，當中包含場地租界、組織運作等等重要問題。這部分問題其實都有賴軍方的協調與介入，才得以解決。原田就在這樣背景下，在一九四八年重新與鈴木惣太郎相遇，雙方也因此建立起日美雙方在球場的合作關係。一九四九年戰後首次的日美交流賽，便是由原田充當橋樑，促成此交流賽的成行。

而這次交流賽能成行的背景，另一個關鍵因素，在於日本體育重新躍上國際舞臺。

日本在戰前就非常熱衷於參與國際運動賽事。因為在二十世紀時，運動即被視為一種國力的表徵，所以日本在明治維新後，便積極投入國際運動賽事的交流。不過在一九三七年侵略戰爭開始後，國家回到一八五三年前的「鎖國」狀態，被阻絕於在國際「和平」之外。一直要等到一九四九年四月，國際奧林匹克委員會（International Olympic Committee，IOC）允許下，同意日本游泳選手，參加在洛杉磯舉辦的全美水上錦標賽，這才讓日本體育重返運動的國際舞臺。而時任ESS局長的麥卡特，本就有意藉由棒球來衝破日本在國際上的孤立，只是游泳比他的構想還快實現。不過也因為游泳在國際錦標賽的優異表現，讓世界重新見識到日本國家的復甦。透過游泳先一步衝破日本在運動場上的孤立，棒球交流賽的計畫也因此在不久後得以實現。[45]

美方在決定以交流賽的方式來提振日本民心後，立即以原田作為代表飛往美國，與所選球隊協商是否來日本訪問。而最後找上的球隊，是小聯盟球隊的舊金山海豹隊。而這次交流賽，主要是將其定位在「慰問在日美軍」的形式，才徵得海豹隊的同意。[46]於是戰後首次日美交流賽，就在美國佔領軍主導下來進行，而非是日本野球聯盟。經由與海豹隊洽談後，原田回信至日本，並透過麥卡特將訊息轉交至麥克阿瑟手上。六月二十六日，麥克阿瑟核准海豹隊來日參訪，並敲定時間為十一月（不過真正比賽的日期是在十月）。[47]

由於最後交流賽的主導權被美方所控制，也因此招致日方的不滿。早在四月，正力松太郎就在委員會中，提到邀請美國代表隊來日一事，所以正力松太郎似乎深信籌辦日美交流賽的主導權，應當會由日方來進行，而這件事，也早已知會麥卡特。不過麥卡特卻私下找當時日本眾議院議員松本瀧藏（Matsumoto Takizo, 1901-1958）前來居中協調與海豹隊聯繫，而沒事先與正力松太郎協商，逕行私下處理海豹隊來日事宜。[48]

對於麥卡特「逕行」找海豹隊訪日一事，儘管以正力松太郎為首的日本野球聯盟，對於此事極為不滿，不過仍無法對美軍的決定作任何更動。不過正力松太郎他們仍極力與美方溝通是否能「共同」籌辦交流賽，最後在雙方協調下，美軍與聯盟「妥協」，讓鈴木龍二擔任這次交流賽籌備委員會日本方面的副會長，不過會長的部分，還是由美軍所指派的松本瀧藏擔任。[49]明顯看來，美軍對於這次交流賽的主導權，仍舊不想轉讓給日本。

由美軍主導的交流賽籌備會，主要就以日本方面會長松本瀧藏，與美國方面處理一系列涉外事務的原田，負責與海豹隊洽談來日的陸續事宜。

奠定日美棒球的合作發展

七月八日，海豹隊率先公佈他們這次日本行的球員名單，原則上就是他們在灣岸聯盟比賽的成員。[50]到了十月三日，日本方面也公佈本次交流賽球員名單，主要是以日本職業球隊的成員所組成。[51]

十月八日午後四時，舊金山海豹隊的棒球俱樂部會長與副會長，先行搭乘飛機，抵達東京的羽田機場。而負責統籌這次交流賽的ＥＳＳ局長麥卡特，親自到機場迎接。從海豹隊會長與副會長千里迢迢自美國來到日本，麥卡特也不辭辛勞前往機場這個舉動可知，美方是極為重視這次交流賽。[52]

而本次比賽主角之一——海豹隊全體選手，則在美國時間的十月十日晚間十一點，從舊金山搭乘飛機至夏威夷後，再轉機到日本，預定在日本時間十月十二日下午四點三十分，抵達羽田機場。[53]

這一次來到日本的海豹隊，並非大聯盟體系，加上是以單一球隊，而非聯軍，所以整體實力上來說，並不會如前兩次的大聯盟聯軍來得有看頭。曾經擔任巨人隊教練一職的三宅大輔（Miyake Daisuke, 1893-1978），就在不久前十月九日《朝日新聞》的專欄上，以日本大相撲的位階作比喻來形容這次的海豹隊。依三宅氏之見，如果將一九三四年包含貝比・魯斯在內的全美明星隊比喻作相撲最高位階的「橫綱」，那這次的海豹隊，則屬於幕內中間的有名力士，而日本職業隊的球員，則為幕下力士。[54]由三宅的推斷，當時一九三四年美國聯軍的實力，遠高於三A海豹隊，更別說是將這次日本隊遠遠甩在後頭。雖然尚未在比賽前，將自己國內球隊的實力評估成比美國來得低落，有「長他人志氣，滅自己威風」之感，不過卻也如實反映出日本野球界相關人士，還是接受當時日本在棒球實力上，仍不足以與美國相提並論的事實。

另外三宅也提到戰前兩次日美交流賽，都是日方花費不少金錢與人力，才得以成功舉辦。不過這次是由美方主動打著「日美親交」與「進駐軍慰問」而來，是故日方並無過多金錢上的支出。而因為這次帶隊的教練，又是與日本職業棒球界有著淵源的歐道爾，三宅更直接在報上稱呼歐道爾為「大恩人」。[55]

十月十二日這天，海豹隊全隊與隨行人員一共二十七人，在下午四時抵達羽田機場。當時到場迎接的除了有麥卡特、松本瀧藏、鈴木惣太郎等今次籌備交流賽的要員外，並有以當時日本著名女演員田中絹代（Tanaka Kinuyo, 1909-1977）為首的三十名女演員，手持花圈熱烈歡迎來訪的海豹隊。接著，海豹隊一行人就前往住宿的旅館。而當車隊進入到銀座時，等待已久的日本民眾，早已將道路擠得水洩不通，他們敞開雙手熱烈地歡迎美國代表隊。這是睽違十五年，再次有美國的職棒球隊親臨日本，遊行盛況可比一九三四年的全美明星隊。而這場難得的遊行，使得銀座夜晚燈火通明，同時也是銀座在戰後，首次出現大規模人潮的景象。[56]

到了隔天，海豹隊一行人，受這次交流賽最大主辦人，也就是最高總帥麥克阿瑟的邀約，前往美國在日大使館進行餐會。會中麥克阿瑟與歐道爾，及每位隊員相談甚歡。尤其麥克阿瑟特別展現出他的誠意，對於每位球員的季賽狀況以及家庭等事都瞭若指掌，很快便與球員們打成一片。而麥克阿瑟也在餐會中，直接對海豹隊球員了當的說，雖然是親善比賽，不過最重要的，還是「無可取代的勝利」。餐後結語更不忘提醒海豹隊，不僅是代表自己，更是「代表整個美國」。[57]對美國來說，棒球是他們門面，就算是為了改善日美關係，在球場上，仍要使盡全力，贏得最後的勝利。不僅是給予對方尊重，似乎也意味美國對日佔領的「正當性」。

十月十五日，被日本媒體稱為「和平使者」的歐道爾，率領他的子弟兵，來到東京後樂園球場，與地主讀賣巨人隊，進行一九四九年以來日美交流賽的首場比賽。而這場比賽最特別之處，是在麥克阿瑟沒有到場觀戰下，反而邀請到麥克阿瑟的夫人來擔任開球嘉賓。在麥卡特少將的陪同下，她投出戰後日美棒球交流最重要的一顆球。[58]

從由麥克阿瑟夫人開球一事，說明美國在這次交流賽的主導性意味濃厚。加上這場比賽開始前，美日兩隊球員正裝站在本壘兩側，首先播放的是美國國歌，再來才是日本。而當天兩國國旗同時出現在球場上，原本美國的民政局反對將兩國國旗並排在場中，不過遭到麥克阿瑟的否決，退回這項要求。[59]此外，當在播放日本國歌時，中尉原田佇立向日本國旗敬禮，引來當時身旁一位美國上校的不滿。這位上校並未顧及原田是日裔的背景，痛斥他既然以美國官員的身份站在此地，就不應該向日本國旗敬禮，是對他現在「美國官員」身份的一種不敬。因此比賽結束後，這位官員特別找上麥克阿瑟，要求撤除原田的職務，不過也被麥克阿瑟回絕。[60]

由以上兩個案例可知道，雖然美國主要是這次交流賽的籌備方，目的是要達到「美日友好」，但並非所有美國人都有這樣的想法。儘管在球場上雙方是建立在平等的立場，不過在許多細節上，仍可看出美方仍希望在地位上要比日本來得高。然而在麥克阿瑟的主導下，則希望日美雙方在球場上的互動，是能夠如實做到「平等」。

接著透過表（4-1）來看，這睽違多年且備受球迷期待的交流賽，一共舉行十場。其中代表日本出賽的有讀賣巨人隊、東西各自的聯軍、六大學明星隊，以及駐日美國軍人所組成的陸海軍及遠東空軍兩隊。較前兩次交流賽日本方面是以「全日本人」的陣容，這次則增加駐日美軍的參與。不過在以「日本人」、「職業」為主的日本隊來說，這次對上代表「美國」的海豹隊，除了兩場以四比十三的大比分慘輸外，另外四場都將輸分壓在五分之內，甚至有兩場更僅輸一分。這樣的成績對日本隊，甚至是對球迷來說，理當深信日本職業野球的實力，是逐漸有在成長，而非是原地踏步。但是在仔細比較後，一個小聯盟體系，又是當年聯盟排名第七位的海豹隊，在對上全日本明星隊都能取得勝利看來，美國棒球的實力對比當時日本職業棒球來說，依舊遙不可及。其實對日本來說，在從美國身上學習到棒球這項運動時，就將美國視為此運動最大的假想敵。透過與美國棒球的交流中，學習成長，並改善自己的不足。

表4-1｜1949年（昭和二十四年）日美野球對戰紀錄表

日期	日本隊	比數	美國隊	球場
10/15	巨人	4－13	海豹隊	後樂園
10/16	遠東空軍	0－12	海豹隊	神宮
10/17	全東軍	0－4	海豹隊	神宮
10/19	陸海軍	2－9	海豹隊	神宮
10/20	全西軍	1－3	海豹隊	西宮
10/22	陸海軍	0－16	海豹隊	甲子園
10/23	全日本	1－2	海豹隊	甲子園
10/26	遠東空軍	4－2	海豹隊	中日
10/27	全日本	4－13	海豹隊	中日
10/29	全日本	0－1	海豹隊	神宮
10/30	全六大學	2－4	海豹隊	後樂園

來源：參考ベースボール・マガジン社編，《日米野球八十年史》（東京都：ベースボール・マガジン社，2014年），頁115。

十月三十日，歐道爾與海豹隊成員在前往東京後樂園球場所舉行最後一場交流賽前，特別與昭和天皇碰面，而天皇也展現謙和的姿態與海豹隊每一位成員握手致意。[61]

戰後失去「神格」的日本天皇，此刻也走下神壇歡迎美國隊的到來。一九三一年與一九三四年的兩次交流賽，儘管美方作為象徵「和平」而來，不過並沒有受到天皇的致意。兩個階段之間會有如此變化，一來是職棒盟盟尚未成形，所以未受到日本政府高層的關注；二來是當時日本正處在國民情緒高漲的時間點，對於具有與日本不同「理念」的美國，政府不能輕易相信美國棒球隊來日的「善行」。因為一但處理不佳，表現出對美國過於「友好」的態度，只怕會引來群眾的不滿，或許就有可能發生更多如正力松太郎遭刺的類似事件。

而從昭和天皇與海豹隊碰面這起事件分析，突顯的是日本對美國積極展現友善的一面。這是日本天皇首次與美國球隊碰面，意即天皇不再高高在上，願意與來自遠方的「美國代表隊」會面，並且「認同」他們為日美嶄新關係作出極大的貢獻。[62]天皇的認可，就是國民最大的期盼，也意謂這場交流賽，是受到日本政府的肯定。或許比起戰前兩次交流賽來說，其意義更為重大。

聯盟的分裂

一九四五年「東西對抗賽」、一九四六年職棒從新開幕，象徵戰後職業野球的復甦。然而在「復甦」過程中的職棒聯盟，卻也不得不面臨到諸多的挑戰。曾在二〇〇四年轟動一時的「球界再編」問題，早在一九四九年就有先例。而最後的結果，就是「日本野球聯盟」的解體，走向「中央」與「太平洋」的兩聯盟體制。

衝突的引爆

隨著職業野球在戰後成功復甦，以及球迷熱情支持，不僅更加受到社會的重視，而經由賽事所獲得到的經濟效益也吸引更多企業的關注。因此有野球界相關人士特別向正力松太郎勸說，是否增加球隊，使職棒普及於日本各地。[63]

是否增加球隊的議題從職棒復甦的一九四六年就一直存在，而等到一九四九年，時機是更加成熟。首先，在麥卡特支持下，正力松太郎就任「日本野球總裁」，並且拋出再增加四隊的提案，效法與美國職棒大聯盟相同的兩聯盟體制的架構。[64]正力的構想經由報紙刊出後，也在日後獲得迴響。

正力為了實踐自己的承諾，他找上同是經營報社的每日新聞社組隊加盟，希望每日先買下大陽以維持八隊的狀態，再來增加二支新球隊達到十隊，最後逐步擴展成兩聯盟十二隊。這樣的想法也獲得大映社長永田雅一（Nagata Masaichi, 1906-1985）的支持，於是二人迅速地找上每日新聞社社長本田親男（Honda Chikao, 1899-1980）尋求他的認可。最後在三人會議中也順利得到本田的允諾，同意讓每日加入聯盟。[65]

然而也是因為是否讓新球團加盟（尤其是每日）一事，卻間接導致讀賣新聞社內部的高層產生衝突，最後更釀成聯盟走向分裂一途。

決裂

每日加盟一事，雖然是由正力松太郎所主導，不過反對最為激烈的卻是讀賣新聞社。

時任讀賣新聞社副社長的安田庄司（Yasuda Syoji, 1895-1955），聯合中日、大陽共同反對每日的加盟。尤其是讀賣與中日兩間報社，認為如果讓同性質的每日進入到職棒圈內，勢必會對他們的報業經營造成影響。是故以安田為首的反對派（讀賣、中日、大陽）成形，對上以正力（時任聯盟會長）為首的贊成派（阪神、南海、阪急、東急、大映），揭開聯盟走向分裂的序幕。[66]

不過從同年九月開始，近鐵、西日本新聞社、大洋漁業、別府星野組、廣島野球俱樂部等提出申請加入，以及曾經短暫加盟的西日本鐵道要求回歸。[67]一時間申請加入的球隊的數量打亂了正力的安排。九月二十九日以及九月三十日兩天，聯盟分別召開最高顧問會議以及代表者會議，討論新球團的加入。會中以一聯盟一〇球團為首要宗旨，獲得原贊成派五票的同意，反對派則是三票。[68]然而最讓正力沒有預想的是原本屬於贊成派的阪神，在後來受到巨人球團私下的「規勸」後，竟然「倒戈」到反對派一方，形成「四對四」的尷尬局面，「分裂」的局勢愈來愈明朗。[69]而接著在海豹隊來日期間，正反雙方在檯面上雖然保持著「休兵狀態」，但檯面下仍舊暗潮洶湧地進行角力。

在海豹隊離開日本後的十一月二十二日，八個球團的代表者在東京目黑的雅敘園舉行代表者會議，會中全體有了對於「兩聯盟」的初步共識，這也就代表有著十四年歷史的「日本野球聯盟」即將解體。[70]十一月二十六日早上九時三十分，在丸之內東京會館舉辦顧問、代表者聯合會議，這也是以「日本野球聯盟」為名最後一次的會議。會中正式宣布終止日本野球聯盟組織的運作，並從原先的單一聯盟分裂成兩聯盟。最初以反對新球隊加盟的巨人、中日、大陽（隔年成為松竹）、阪神，再加上新球團的大洋漁業及西日本（後來又增加廣島、國鐵兩隊），組成「中央聯盟」；而另一方則是由阪急、大映、東急、南海，加上新加盟的每日、近鐵以及回歸的西鐵三個球團，組成「太平洋聯盟」。[71]

從原來的八隊一下擴大成十五隊，加上沒有一個統籌機關，所以自十二月開始到隔年的二月，產生不少如球員的挖角，沒有球場使用等問題，形成一時混亂的狀態。[72]眼看雙方衝突更加擴大，一直期望職棒順利發展的麥卡特，此刻也不得不出面解決眼前這個棘手的問題。麥卡特以為現階段會如此混亂，是缺乏一位道德高、有公信力的委員長作為聯盟最高的領導人，來管理職棒的運作，因此他發表聲明需要特別建置「委員長」制度。麥卡特這項提議，實際上早在一九四九年時，就由鈴木龍二、鈴木惣太郎兩人向他提出，而由正力松太郎來擔任此職。然而當時礙於ＥＳＳ內部的鬥爭，最後由正力出任委員長一事也無疾而終。

在麥卡特「重新」提出後，兩聯盟也深知此事必須要儘快處理，但又無法立即回覆麥卡特規劃的「委員長制」。最後選擇的折衷方案，就是暫時遵守先前日本野球聯盟的球團規則，並且推薦時任東大醫學系教授，過去曾經擔任過東大野球部部長，以及六大學野球聯盟理事長的內村祐之（Uchimura Yuushi, 1897-1980；其父親為日本著名基督教思想家內村鑑三）出任「委員長」一職。[73]只可惜這突來的請託，在內村無法答應的情況下，「委員長」一職仍舊空缺。在沒有一個「最高首長」的坐鎮下，並在不久後的三月十日、十一日兩天，迎來兩聯盟分裂的首次開幕戰。

戰後職業野球真正邁向穩定，則要等到一九五一年時，兩聯盟共同協議成立「日本職業野球聯盟組織」，並由原檢察總長的福井盛太（Fukui Morita, 1885-1965）出任委員長一職，這才結束了近兩年聯盟之間的衝突與「無政府」的狀態。[74]

小結

一九四五年八月六日、九日美國在日本投下兩枚原子彈，結束這場慘烈的戰爭。日本身為戰爭的侵略者以及戰敗者，固然必須面臨到來自戰勝國（聯軍）的制裁。戰後對於日本最大的制裁及改變，便是由美國以佔領軍的身份進入到日本國土，直接進行軍事上的佔領。這也是日本有史以來，第一次遭到國外勢力的直接佔領。

當下戰敗的結果，對日本來說最大的影響，便是美國能夠將所行使的公權力，直接深入到日本社會。而身為戰敗國的日本，自然會擔心是否會招致盟軍的報復。不過當美軍接管日本後，原本所憂心的情形，倒是沒有發生。

美軍以一種「和平」的形象進入日本，而日本也以虔誠、謙卑的態度向美軍表示其善意。來到日本的美軍，非但沒有受到來自日本群眾的反抗，反而還張開雙手熱烈歡迎。這與戰爭期間對於美軍的憎恨，在戰後迅速轉而對美軍無條件的服從，日本人民在心態上的轉移，戰前與戰後有著鮮明的對比。

如果不是美國，而是換成其他國家在戰後接管日本，或許就不會有這樣看似美好的「和平」。一八五三年培里以威脅的口溫逼迫日本敞開其國門，而近一世紀後，美國以原子彈重新開啟日本的國門。對於在百年內，二度敲開日本國門的美國，已然成為日本邁向國際化，所要學習的「典範」。在明治時期崇拜「西化」過程中，美國在日本所形塑的「近代化」形象，可說是深植日本大眾心中。如今美軍以「戰勝國」姿態來到日本，一方面加深日本對美國的敬重，但卻也更加依賴於美國。

而在文化方面，憑藉日美之間存在著對棒球「共享的歷史」，使棒球在戰後迅速獲得重生的機會。如果當初是美國以外的國家佔領日本，勢必棒球不可能在極短時間內獲得復甦的機會。對美國來說，來到一個有著「相似」、「共享」文化的國度，在某種程度上來講，會抱持有「親切」之感。尤其棒球在日本發展近八十年，又在戰前與美國有著無數次交流的歷史軌跡，因此棒球作為重新聯結日美的友好關係，就成為一種可行的方案。

戰後日本棒球發展，在美軍「協助」下，有了全新的面貌。尤其是在職業棒球場上，美日之間的合作關係顯而易見，不過也同時具有暗鬥的跡象。從籌備戰後首次「東西對抗賽」，再到關鍵的一九四九年「日美交流賽」，美日雙方就在「合作」與「鬥爭」中進行。對美國來說，能有一個與自己因運動而非常合得來的國家，是非常重要。尤其在戰後美國為日本進行重建工作，一方面是要將「民主」的理念導向日本，使其摒棄帝國主義，而另一方面則是要使日本成為美國在環太平洋的合作夥伴。透過棒球，他們能與日本更為貼近，而不被貼上「侵略者」的標籤；而對日本來說，他們因戰爭失敗的事實，雖然需「被動」接受美國的治理方式，但也卻「主動」與美國進行妥協，不作出反抗美國的舉動。

本章註

1 《波茨坦宣言》，又稱《波茨坦公告》，一九四五年七月二十六日，由美國總統杜魯門、中華民國政府主席蔣介石（但是蔣並未出席）、英國首相邱吉爾（接替邱吉爾首相一職的艾德禮（Clement Richard Attlee，一八八三－一九六七）也有參與），三位國家代表，聯合發表的宣言。主張日本應當履行《開羅宣言》（The Cairo Declaration），並且無條件投降結束這場戰爭。而當時蘇聯的最高領導人史達林也有與會，但因為當時蘇聯並未向日本宣戰，所以沒有簽署此《波茨坦宣言》。不過美國有希望蘇聯能給日本壓力，迫使日本盡早投降。

2 日本時間一九四五年八月十五日，昭和天皇以《玉音放送》宣佈日本無條件投降。而一般所說《玉音放送》，即是指《終戰詔書》。同時，這也是日本首次，天皇以他自己的聲音發聲。自此，也讓日本天皇的「神祕性」消失，不再像過去與人民隔著一層不可接觸的面紗。有關《終戰詔書》的詳細內容，可參見大藏省印刷局編，《官報・號外》，第五五七六號，一九四五年八月十四日，火曜日。

3 松田武著、金琮軒譯，《戰後美國在日本的軟實力：半永久性依存的起源》（北京：商務印書館，二〇一四年），頁二十七。

4 遠山茂樹等著，《昭和史》，頁二四九－二五〇。

5 松田武著、金琮軒譯，《戰後美國在日本的軟實力：半永久性依存的起源》，頁十三。

6 Jown W. Dower, *Embracing defeat : Japan in the wake of World War II*, New York: W.W. Norton & Co., c1999. pp.39-41.

7 林明德著，《日本史》，頁二五六。

8 井上清著，《昭和五十年》，頁一一〇－一一二；池井優著，《日本外交史概說》，頁一七五－一七六、一七九，二三二－二三三。

9 Ruth Benedict著、陸徵譯，《菊花與劍：日本文化的雙重性》，頁二四八－二五〇。

10 Ruth Benedict著、陸徵譯，《菊花與劍：日本文化的雙重性》，頁三五〇－三五一。

11 半藤一利著，《昭和史（一九四五－一九八九）》（東京都：平凡社，二〇一五年初版），頁十八－十九。

12 Jown W. Dower, *Embracing defeat : Japan in the wake of World War II*, pp.124-125.吉見俊哉著、邱振瑞譯，《親美與反美：戰後日本的政治無意識》（新北市：群學，二〇一三年），頁九十六－一百；家永三郎著、何欣泰譯，《太平洋戰爭》（臺北市：臺灣商務，二〇〇六年），頁三一九。

13 半藤一利著，《昭和史（一九四五－一九八九）》，頁二十一。

14 吉見俊哉著、邱振瑞譯，《親美與反美：戰後日本的政治無意識》，頁四十－五十八。

15 南博著、邱琡雯譯，《日本人論》，頁二一二。

16 佐山和夫著，《野球から見たアメリカ》，頁五十一。

17 這篇在《朝日新聞》上的報導，並非是要求在日本恢復野球這項運動，而是說明美國棒球聯盟，預計將在明年（一九四六年）九月二十到二十七日，在華盛頓及紐約，舉辦「世界棒球大賽」，並特別邀請日本參賽。由這則報導可推測，儘管日本作為一個戰敗國，但它棒球的水準，在當時仍具一定的知名度。是故在以美國為主導下的「世界棒球大賽」，並不會因日本曾經攻擊美國而不邀約，反而還特別邀請日本加入，或許從這一刻起，透過棒球來恢復戰後「和平」的作法，早已經開始。〈日本を野球に招請〉，《朝日新聞》，第二一三五五號，一九四五年八月二十三日，木曜日，二版；山室寬之著，《野球と戦争：日本野球受難小史》，頁一八二。

18 山室寬之著，《野球と戦争：日本野球受難小史》，頁一八二。

19 池井優著，《白球太平洋を渡る：日米野球交流史》，頁一九二－一九四。

20 轉引自鈴木龍二著，《鈴木龍二回顧録》，頁二〇九－二一〇。

21 波多野勝著，《日米野球の架け橋：鈴木惣太郎の人生と正力松太郎》，頁二三一。

22 井上清著，《昭和五十年》，頁一一四；鄭樑生，《日本通史》，頁五五三。

23 池井優著，《白球太平洋を渡る：日米野球交流史》，頁一九五－一九六；陳鵬仁著，《日本文化史導論》（台北市：致良出版社，二〇〇九年），頁三一四。

24 山室寬之著，《プロ野球復興史：マッカーサーから長嶋四三振まで》（東京都：中央公論新社，二〇一二年），頁五－七。

25 鈴木龍二著，《鈴木龍二回顧錄》，頁二一七－二一八。

26 鈴木龍二著，《鈴木龍二回顧錄》，頁二一七－二二〇；《プロ野球七〇年史》歷史篇，頁六十四；山室寛之著，《プロ野球復興史：マッカーサーから長嶋四三振まで》，頁七－十、十六。

27 讀賣新聞社運動部編，《讀賣野球年鑑》，頁三六七。

28 中澤不二雄著，《プロ野球》，頁二十七。

29 池井優著，《白球太平洋を渡る：日米野球交流史》，頁一九二－一九四；Robert K. Fitts, *Remembering Japanese baseball : an oral history of the game*. Carbondale : Southern Illinois University Press, c2005. pp.3; Masuda Hiroshi, *MacArthur in Asia : the general and his staff in the Philippines, Japan, and Korea*, translated from the Japanese by Reiko Yamamoto. Ithaca : Cornell University Press, c2013. pp.16.

30 Morris Seymour著，林立群、唐怡譯，《最高統帥：麥克阿瑟在日本的勝利》（重慶市：重慶出版社，二〇一五年），頁九十七－九十八。

31 〈日本野球　東西選抜対抗戦　二十二・二十三両日外苑で挙行〉，《讀賣新聞》，第一四九四〇號，一九四五年十一月十七日，土曜日，三版。

32 鈴木龍二著，《鈴木龍二回顧錄》，頁二二一、二二三。

33 高正源著，《日本棒球發展史》，頁三十三。

34 鈴木龍二著，《鈴木龍二回顧錄》，頁二二三。

35 Allen Guttmann, Lee Thompson, *Japanese sports : a history*, pp. 170; 山室寛之著，《プロ野球復興史：マッカーサーから長嶋四三振まで》，頁十七。

36 《讀賣新聞》，第二四九四七號，一九四五年十一月二十四日，土曜日，三版；山室寛之著，《プロ野球復興史：マッカーサーから長嶋四三振まで》，頁十七－十八。

37 岡本博志著、陳明言譯，《人間機關車：吳昌征：首位台灣人日本職棒選手奮鬥生涯》，頁五五；關於吳昌征的生平介紹，亦可參考林瑛琪，《日治時期臺灣體壇與奧運》（臺北市：五南，二〇一四年），頁一二二－一四九。

38 《プロ野球七〇年史》歷史篇，頁七四。

39 「太平洋」（Pacific）之意，乃是「立於國際視野的職業野球」；而「中央」（Central）之意則為「自此立於中央」之意。ベースボール・マガジン社編，《プロ野球八〇年史》歷史篇，（東京：ベースボール・マガジン社，二〇一四年），頁二一九。

40 池井優著，《白球太平洋を渡る：日米野球交流史》，頁二〇九。

41 Briley Ron, *The Politics of Baseball: Essays on the Pastime and Power at Home and Abroad*, Mcfarland & Co Inc Pub(c2010), pp.150.

42 〈「今秋、米チーム招聘」　日本野球総裁に正力氏就任決る〉，《讀賣新聞》，第二五九七一號，一九四九年四月十六日，土曜日，六版；鈴木龍二著，《鈴木龍二回顧錄》，頁二七三。

43 Robert K. Fitts, *Remembering Japanese baseball : an oral history of the game*. pp. 三. Morris Seymour著，林立群、唐怡譯，《最高統帥：麥克阿瑟在日本的勝利》，頁二一九。

44 Sayuri Guthrie-Shimizu, *Transpacific Field of Dreams: How Baseball Linked The United States and Japan in Peace and War*, pp. 205-206.

45 山室寛之著，《プロ野球復興史：マッカーサーから長嶋四三振まで》，頁四十—四十一。

46 波多野勝著，《日米野球の架け橋：鈴木惣太郎の人生と正力松太郎》，頁一六六—一六八。

47 〈シールズは十一月來る　マ元帥が許可〉，《朝日新聞》，第二二七二六號，一九四九年六月二十七日，火曜日，六版。

48 波多野勝著，《日米野球の架け橋：鈴木惣太郎の人生と正力松太郎》，頁一六九—一七〇。

49 波多野勝著，《日米野球の架け橋：鈴木惣太郎の人生と正力松太郎》，頁一七一。

50 〈選抜軍なら好勝負　オドゥール監督語る　十月十五日には出発〉，《讀賣新聞》，第二六〇五五號，一九四九年七月九日，土曜日，六版。

51 〈対シールス戦　全日本軍きまる〉，《朝日新聞》，第二二八四五號，一九四九年十月四日，火曜日，七版。

52 〈"球場外でも日米親善"シ軍会長ら昨夕羽田着〉，《讀賣新聞》，第二六一四七號，一九四九年十月九日，日曜日，七版。

53 〈シールス　きょう東京へ〉，《朝日新聞》，第二二八五三號，一九四九年十月十二日，水曜日，七版。

54 三宅大輔，〈シールス軍を迎える〉，《朝日新聞》，第二二八五〇號，一九四九年十月九日，日曜日，五版。

55 三宅大輔，〈シールス軍を迎える〉，《朝日新聞》，第二二八五〇號，一九四九年十月九日，日曜日，五版。

56 〈シールス花やかに入京　銀座は戰後初の人出〉，《朝日新聞》，第二二八五四號，一九四九年十月一三日，日曜日，七版。

57 〈〝勝利こそ最も貴重〞　マ元帥・シ軍選手を招待〉，《朝日新聞》，第二二八五五號，一九四九年十月一四日，日曜日，七版：Morris Seymour著，林立群、唐怡譯，《最高統帥：麥克阿瑟在日本的勝利》，頁二二一。

58 〈始球式＝写真〉，《讀賣新聞》，第二六一五四號，一九四九年十月一六日，日曜日，七版。

59 波多野勝著，《日米野球の架け橋：鈴木惣太郎の人生と正力松太郎》，頁一七三。

60 鈴木龍二著，《鈴木龍二回顧錄》，頁二五九－二六〇：Morris Seymour著，林立群、唐怡譯，《最高統帥：麥克阿瑟在日本的勝利》，頁二二一。

61 〈陛下、オ監督らと握手〉，《讀賣新聞》，第二六一六九號，一九四九年十月三一日，月曜日，七版。

62 Sayuri Guthrie-Shimizu, *Transpacific Field of Dreams: How Baseball Linked The United States and Japan in Peace and War*, pp.120.

63 林瑛琪，《日治時期臺灣體壇與奧運》，頁一三七－一三八。

64 〈「今秋、米チーム招聘」　日本野球総裁に正力氏就任決る〉，《讀賣新聞・朝刊》，一九四九年四月十六日，第二五九七一號，土曜日，六版。

65 山室寛之著，《プロ野球復興史：マッカーサーから長嶋四三振まで》，頁八〇－八一。

66 池井優，《野球と日本人》，頁二一七。

67 ベースボール・マガジン編，《日本プロ野球事件史》（東京：ベースボール・マガジン，二〇一三年），頁一十五。

68 山室寛之著，《プロ野球復興史：マッカーサーから長嶋四三振まで》，頁八十四。

69 李承曄著，《日本職棒聖經》，頁四十五。

70 鈴木龍二著，《鈴木龍二回顧錄》，頁二八五—二八六、四三〇—四三一。

71 〈プロ野球・二リーグに分る　日本選手権を争う　巨人側は「セントラル」〉，《讀賣新聞・朝刊》，一九四九年十一月二七日，第二六一九六號，日曜日，七版。

72 池井優，《野球と日本人》，頁二三八。

73 山室寛之著，《プロ野球復興史：マッカーサーから長嶋四三振まで》，頁一二六—一二八。

74 「日本職業野球聯盟組織」成立後，有關「委員長」一職的功能，可參考李承曄著，《日本職棒聖經》，頁十八—十九。

結語

棒球（野球），作為一個「外來物」，在明治初期傳入日本。如果以當時日本一窩蜂向西方國家學習來看，野球在最初僅僅被看作是一項「娛樂」（Game），等到了留學歸國的平岡熙，以及一高興起後，野球也就從原本日常生活中的「娛樂」，轉變成競技的「體育」（Sport）。

而成為「體育」後的野球，在日本被賦予的角色定位就產上極大變化。首先，透過十九世紀九〇年代棒球在日本的發展可知，日本將棒球從一開始傳入時的「ベースボール」，重新翻譯為和製漢語的「野球」，似乎已經將棒球認定為自己的文化，而以霍布斯邦的說法，這項「被發明的傳統」（The Invention of Tradition），在日後成為日本對外展現國家形象的一種軟實力（Soft Power）。[1]不過日本將棒球視作一種文化模式（或者說是文化帝國主義），進而擴展到海外，這樣的手法，卻是向原本棒球母國的美國所學習而來。如果將美、日兩國棒球史的歷史演進做比較，可知兩者棒球文化的成形，在某種程度上，是遵循同一種程序。

從最初一開始接受來自國外殖民國的文化（按：日本在明治維新時，雖未被美國直接殖民，不過美國在文化上，卻給日本帶來巨大影響），後將它改變成為自己「固有」文化，進而再將這項文化，轉換成擴展國際關係的形式，這樣類型的「文化霸權」，在十九世紀後的帝國主義風行之下，成為一種可行，且易於被殖民國根本上所接受的方式。以美國來說，透過棒球的文化擴張，即讓它在南美、東亞一帶，就有許多被以棒球所「殖民」，而認同美國，最後選擇與美國站在同一陣線上的國家。而當中日本，就是一個在美國棒球「傳播」下的典型案例。不過像日本這樣，經過明治維新洗禮後，一方面對歐美文化進行吸收轉換，另一方面則是將固有文化進行重構，致使日本在文化認同上，仍不易迷失自我。這樣的文化轉移，如同歐斯特哈默以為，多半是在歐洲人殖民擴張機會最小的地方才最顯著，而日本便是如此。[2]

不過在如此發展過程中，反而卻也造成日本國內，對於歐美文化所應當抱持的信念，存在著矛盾。這樣的矛盾，就是在對歐美文化的「崇拜」中，帶有另外一面的「反抗」的心態。這兩種信念的相互變化與衝突，在日本與美國的棒球交流的歷史過程中，就不斷地在進行對話。

尤其在伊布里事件及一高擊敗橫濱外國人球隊後，日本棒球得到國民的「認同」。這項「認同」，不僅促成民族意識與認同的強化，更是對歐美外來者的一種抵抗。十九世紀末，日本僅管在崇尚「西方化」的過程中，得到恩惠，卻也同時在歐美列強所建構「條約體制」的國際暴力下，體認到西方列強對東亞的威脅。日本為了自救，只好趨於「西方世界」的庇蔭下，進行文化上的抗爭。

而在棒球場上，自從一高成功形塑「日本式野球」後，日本不斷嘗試從球場中，將自己塑造成能與美國平起平坐的對等地位。然而日本也很清楚知道要在棒球場上贏過美國，是需要很長一段時間。就像在二十世紀初的國際競爭上，要勝過美國，是同等困難。因此最好的方式，便是在其「保護傘」下學習與成長。同樣模式「挪用」至棒球場上，便是不斷地藉由與美國進行國際賽的交流，向其學習先進棒球觀念與技術，以圖未來有朝一日，能在球場上擊敗美國。是故進入二十世紀後，美國作為日本一個重要「假想敵」這樣的概念，已然成形。雖然視美國為「假想敵」，但是美國仍舊是日本所倚重的學習對象。既是敵人，也是朋友，這兩種不一樣的「身份」，在日本邁入戰爭的枷鎖時，其矛盾也就愈來愈大。

隨著一九三〇年代日本對外擴張轉向積極時，美國為了不使國家在東亞的利益受到損失，在評估國際局勢後，自許為國際秩序「捍衛者」的美國，開始插手東亞的事務。正巧此時的日本棒球，在讀賣新聞社社長正力松太郎的推廣下，正朝向將棒球帶向「職業化」的過程，因此特別需要借助美國職業棒球的影響力，方能實現。於是正力在一九三一與一九三四年，邀請美國籌組大聯盟明星選拔隊，來日本進行交流賽，讓日本大眾體驗何謂「職業棒球」的水準。而美國也正好利用這個機會，以「交流」名義到日本進行訪問。透過在棒球場上大勝日本隊，美國所要對日本表現出，無疑是具有強大的國家力量，試圖讓日本感受到美國在東亞，仍具有相當的影響力。除了一方面抑制日本對外擴張的野心，同時也讓美國在海外的影響範圍更為擴大。

只可惜這是美國單方面一廂情願的想法。因為對日本來說，邀請美國隊的到來，主要用意在刺激國人對職業棒球的概念，並以此為基礎，使棒球能夠在日後發展上，成為在國際上對抗外國的一種國力象徵。反觀美國，則是希望透過棒球交流，對日達到促進和平的用意。兩國一開始對交流賽的看法，根本上就存在極大差異。在兩種相異的思維下，這種情況，就好比「同床異夢」，最終仍無法避免的促使兩國走向兵戎相見一途。

美日雙方在一九四一年戰場上的正面衝突，使戰爭進入白熱化的階段，這時棒球在日本開始受到政府的關注及控管。作為「西洋」的產物，尤其又是來自美國，棒球便受到政府強制性的重構，明顯例子就是棒球術語的全面「去美國化」。在尚未與美國交惡前，日本棒球在場上所使用的術語，原則上都是直接透過英文翻譯而來（在日本是以平假名來表示），並以此作為符號。而當兩國交惡後，在一系列「去美國化」的過程下，原本使用的術語，皆從原本的英文，改以漢字或者平假名來取代，從根本上，斷絕與美國的一切關聯，並將美國徹底的「汙名」化。在一九四四年三月三號一篇刊登在*New York Times*的文章中提到日本士兵在必死突擊戰時，口中喊著：「下地獄去吧，貝比・魯斯！」原本所崇拜的大聯盟球星貝比・魯斯，在戰前被日本球迷視為棒球界的大英雄、棒球之神，不過在戰爭中，他卻成為日本球迷眼中最大的敵人。[3]而被視為戰爭中日本最痛恨的美國人，魯斯本人想來會覺得不可思議吧。

戰爭結束後，日本「去美國化」的政策，在一瞬間就煙消雲散，很快地，是轉而對美國抱以熱烈歡迎的姿態。這樣如此矛盾的情形，就在戰後日本不斷重演。回到棒球場上，因為在美軍佔領下，所以許多棒球相關事務，都需依賴於美國的支持。而原則上，美國在日的棒球政策，是傾向對日本伸出援手。從這面相看，主要還是在於棒球是美國的「國民娛樂」。為能使在日的美國士兵能夠有「國民娛樂」的陪同，對於戰後日本棒球的復甦，是美國佔領軍必然需要處理的。如果當初並非是美國佔領日本而是英國的話，或許棒球能否在日本短期間成功重建，這就很難說了。畢竟英國是踢足球而不是打棒球。

一九四九年時，由戰前與日方極為友善的歐道爾，率領灣岸聯盟的海豹隊來到日本。海豹隊這趟日本行，打破近十五年日美棒球交流的冰凍期，透過棒球，重新連結日美雙邊關係。最重要地，是這次日本天皇還親自接待美國代表隊，這在前兩次交流賽是不曾所見過的景象。意味著日本在官方立場下，支持這項交流賽，同時也說明日本在國際上，對於美國所釋出的「善意」，是虛心接受。而在這場交流賽不久後，日本也順理成章成為美國在東亞最親近的盟友。同年末，職棒所建立的兩聯盟體制，便是要以美國為榜樣，以圖日後能夠將日本棒球實力，推上與美國相同的地位。順帶一提，日美交流賽奠定日後日美兩職棒聯盟的穩定發展關係，直到二〇一八年，兩國職棒聯盟一共舉辦高達二八次的職業棒球交流賽。[4]

從日本職業野球發足的一九三四年，到戰後首次日美交流賽的這段過程中，日本表現出對美國時好時壞的矛盾情緒，或許這在戰爭中是不可避免。不過在僅十五年內，能有顯著的轉變，可說是明治時期對西方文明看法的投射。當然，筆者以為最大的因素，在於美國是近代使日本開國的國家，對於美國那般的崇拜與景仰，從明治維新到今日，在日本人心中，都還是揮之不去。而自美國所傳到日本的棒球，就具有這樣明顯的特徵。一九五四年日本曾有報紙做過一項調查，讓讀者列出二十世紀影響日本的重要人物，名單上竟有貝比・魯斯與麥克阿瑟。[5]面對曾經攻擊與佔領日本的美國，日本民眾仍對這些美國人抱持好感，是非常奇特的現象。

如果以心理學的角度來理解，可看成是一種抗爭性的歇斯底里（Hysterie）。這樣歇斯底里所表現出來的表象，就是戰敗時，日本人當初堅持抗爭到底的瘋狂信念立即消失，轉而對原來敵國、也就是美國文化產生絕對的崇拜與讚嘆，這種崇拜與讚嘆，幾乎在之後支配整個日本。[6]而以榮格（Carl Gustav Jung, 1875-1961）心理學角度分析，此種「陰影」（Shadow）造成社會上成員的「集體無意識（Collective Unconscious）」，會無時無刻對於心中黑暗面產生恐懼。[7]對於遭受美國兩次「開國」經驗的日本，也是日本在國際戰爭上唯一能夠打敗過它的國家，自然會對美國產生敬畏。而在此「陰影」下，便易於產生「自卑情結」（The Inferior Function）。此種「自卑情結」表現在球場上，就是不斷地向美國學習，另一方面，則不斷透過挑戰的方式，試圖證明日本追著美國的步伐在前進。

尤其從日本選手在一九九〇年代後期，開始挑戰美國大聯盟來看，再再證明日本選手是有能力足以挑戰世界棒球的最高殿堂，並有著不輸給美國選手的實力。當日本選手在「記錄」上可以與美國選手並駕齊驅，甚至超越他們所創下的大聯盟記錄時，自然都可讓日本國民大為振奮。不僅顯示在球場上對於美國象徵霸權的抵抗，同時也證明日本能夠超越、戰勝文化上的「母國」。

儘管日本一直希望透過向美國的學習，進而擊敗美國，表現出對外國的「不服從」。不過根本上，仍需要一直有個「假想敵」的存在，證明日本能夠不斷表現出它在東亞、甚至是世界的影響力。而美國，因為歷史因素，便成為日本心中最大的競爭者。也就是日本必須在其陰影下，才有機會成長、茁壯。而作為雙方共享文化傳統的棒球，就在這矛盾下，一直持續走到現在。

本章註

1 Eric J. Hobsbawm等著、陳思仁等譯，《被發明的傳統》（台北市：貓頭鷹出版，二〇〇二年）。

2 Jurgen Osterhammel著、劉興華譯，《亞洲去魔化：十八世紀的歐洲與亞洲帝國》（臺北縣：左岸文化出版，二〇〇七年），頁七十九。

3 *New York Times*, March 5, 1944, 7. 轉引自Robert K. Fitts著、山田美明譯，《大戰前夜のベーブ・ルース：野球と戦争と暗殺者》，頁二四九-二五〇。

4 此處數字是從一九五一年的全美選拔隊計算至二〇一八年的日美野球對抗賽。

5 Morris Seymour著，林立群、唐怡譯，《最高統帥：麥克阿瑟在日本的勝利》，頁二三二。

6 南博著、邱琡雯譯，《日本人論》，頁二五五、二五六。

7 Robert H. Hopcke著、蔣韜譯，《導讀榮格》（臺北縣：立緒出版，一九九七年），頁八十一-八十四。

後記

今年是筆者認識日本職棒的第二十個年頭，能在這具有紀念性的一年出版人生中關於日本棒球史的第一本書，實在是備感幸福。在尚未與秀威出版社簽約前，實在難以想像有這樣的一個機會，能夠出版專書。我想內心除了感激，還是感激。

自幼熱愛棒壘球運動的自己，曾經有過夢想，或者說是幻想，就是能夠以球員身份奔馳在職業的舞臺上。然而可惜自己沒有勇氣與堅定意志，走向這條道路，如今只徒留一個遺憾在心頭。儘管如此，對於棒壘球的熱情，並不會因為那無緣的職業夢而熄滅。棒球季時在電視、網路上觀賞球賽、週末與朋友一同在球場比賽、在深夜聽著音樂閱覽棒球史書籍，如今也成為自己生活中非常重要的一部分。或許也是有著這般遺憾與熱情的相互交織，所以日後在撰寫本書的初稿，也就是筆者的碩士論文時，棒球史成為自己唯一選擇的研究課題。

從對研究棒球史的渴望，到後來論文正式的起筆，以及最後的成書，這過程要感謝的人實在太多了，而能夠順利完成，我想最初的起點是要回溯到筆者高中時期，對未來大學志願的選擇當下。其實早在高一時，自己就已經打定主意選擇歷史系就讀，當初這樣的決定是否正確，坦白說自己也說不上來。而記得當年畢業指考放榜後，應屆畢業生近五百人，好像就只有兩個人是就讀歷史系，其中一位就是筆者，足以可見這項志願不是這麼受歡迎……，但自己還是選擇了。而在那時所作的決定，我發自內心感謝高中時期的兩位班導，曾秋月與易盈茵兩位老師。還記得當初高一選組與高三未來選擇自願時，曾經與兩位老師提過自己的想法，而令我印象深刻的就是兩位老師都對我所要做得決定表示認同。當時對未來的迷惘，就算內心已有了選擇，但仍缺少一股勇氣去面對。而兩位老師對學生的看法能給予支持，宛如打入一支強心劑，更使我決定走向這條路。雖然未來無法保證能否在學術研究上有好的表現，但猶記兩位老師當初對學生想法的肯定與支持，才有現在的成果。

再者，要感謝的是碩論指導教授倪仲俊老師。我想一篇學位論文能否順利完成，學生與老師之間的想法、思維能否契合是非常重要的。從最初提出計畫，再到完成口試，老師在整個指導過程中提供筆者諸多想法，並適時給予提點，使論文能更加完善。能在同是作為棒球迷的老師指導下完成棒球史的論文，可說是學生的福氣；除了感謝倪老師的指導外，也特別致謝文大史學系師長們的幫助。尤其在推薦論文寫作所需的書籍時，都能同意採購，使我能在學校圖書館內閱讀到所需資料，而減少到校外找尋資料的時間；此外，本書能夠順利出版，由衷感謝胡適紀念館的岑丞丕博士，假使沒有阿丕學長於二〇一八年底，在睦群學長的婚禮上為我引薦給本書編輯，即秀威出版社的鄭伊庭女士的話，大概就不會有出版的可能。

最後，感謝家人能接受筆者投入史學研究的這項決定，相信沒有他們的支持與包容，是很難走到今日。對於家人、師長、朋友在寫作過程中的陪伴，筆者銘感於心。

作者書於二〇一九年盛夏

附表二

日本棒球的對外交流（1905-1922）

年代	日本隊的遠征		來日本的外國球隊與外國教練	
	球隊	備考	球隊	備考
明治38年（1905）	早稻田大學	美國西海岸		
明治40年（1907）			夏威夷・聖路易隊	半職業，慶大招待
明治41年（1908）	慶應大學	夏威夷國際大會 與聖塔克拉拉大學比賽	李奇・全美國人隊 華盛頓州立大學	以太平洋灣岸聯盟為主體 （另有大聯盟三人） 早大的招待
明治42年（1909）			威斯康辛州立大學	慶大的招待
明治43年（1910）	早稻田大學	夏威夷	芝加哥大學 西菲、湯馬森兩教練	慶大的招待 慶大教練
明治44年（1911）	早稻田大學 慶應大學	美國 美國		
明治45年（1912）	早稻田大學	參加馬尼拉・卡尼巴爾	菲律賓陸軍	慶大的招待
大正2年（1913）	明治大學	參加馬尼拉遠東奧林匹克	全菲律賓隊 史丹佛大學 華盛頓州立大學 世界周遊隊	明大的招待 慶大的招待 明大的招待 馬克洛、科米斯基率領的大聯盟隊
大正3年（1914）	慶應大學 明治大學	夏威夷、美國 夏威夷	西雅圖日本人隊 同少年隊	
大正4年（1915）	早稻田大學 明治大學	參加馬尼拉・卡尼巴爾 美國	芝加哥大學 夏威夷日本人隊	早大的招待
大正5年（1916）	早稻田大學	美國	夏威夷・聖路易隊	
大正6年（1917）			菲律賓選拔	參加遠東奧林匹克 （早大冠軍）
大正7年（1918）	早稻田大學	參加馬尼拉的卡尼巴爾	西雅圖朝日	日本人的球隊
大正9年（1920）			芝加哥大學 夏威夷・阿薩比 西雅圖・米卡多 美國職業選拔隊 杭特、羅伯特森兩教練	早大的招待 日本人隊 日本人隊 以灣岸聯盟為主體（包含大聯盟） 早大、慶大教練
大正10年（1921）	早稻田大學 鑽石俱樂部	美國的夏威夷 關西慶大系OB隊	加利福尼亞州立大學 華盛頓州立大學 全夏威夷 夏威夷・日本人 夏威夷・希洛 夏曼・印第安人 溫哥華朝日 印地安人 夏威夷・明星	慶大的招待 早大的招待
大正11年（1922）			印第安納州立大學 舊金山學生 大聯盟選拔	早大的招待 慶大的招待（以加利福尼亞大學為主）

資料來源：菊幸一著，《「近代プロ・スポーツ」の歷史社會學：日本プロ野球の成立を中心に》，頁113

附表二 日本棒球的對外交流（1923-1936）

年代	日本隊的遠征		來日本的外國球隊與外國教練	
	球隊	備考	球隊	備考
大正12年（1923）			菲律賓代表隊 西雅圖・美加多	參加遠東大會冠軍
大正13年（1924）	明治大學	美國・夏威夷	弗雷斯諾日本人	
大正14年（1925）	大每 明治大學	美國 夏威夷	芝加哥大學	早大的招待
大正15年（1926）			史丹佛大學 全菲律賓 華盛頓州立大學 全夏威夷	早大的招待 早大的招待
昭和2年（1927）	早稻田大學	美國・夏威夷	費城皇家・巨人隊 弗雷斯諾日本人 加利福尼亞州立大學	黑人球隊（職業） 慶大的招待
昭和3年（1928）	慶應大學 大每	美國・夏威夷 菲律賓	泰・柯布等五位前大聯盟球星 南加利福尼亞大學 伊里諾大學	加入大每隊進行交流 早大的招待 慶大的招待
昭和4年（1929）	明治大學 法政大學	美國 夏威夷	加利福尼亞州立大學 密西根大學	慶大的招待 明大的招待
昭和5年（1930）	關西大學	美國	芝加哥大學 菲律賓 中國	早大的招待 參加遠東大會 日本（大學選拔）冠軍
昭和6年（1931）	法政大學 明治大學	美國 夏威夷	大聯盟選拔隊	讀賣新聞社籌劃
昭和7年（1932）	立教大學 早稻田大學	美國・夏威夷 夏威夷	密西根大學 全夏威夷 夏威夷大學 夏威夷勇士	
昭和9年（1934）	關西大學 關東俱樂部 明治大學	夏威夷 參加遠東大會（馬尼拉） 夏威夷	哈佛大學 大聯盟選拔	慶大的招待 讀賣新聞社籌劃
昭和10年（1935）			菲律賓・卡蘭巴製糖隊 耶魯大學 全美業餘	 早大的招待
昭和11年（1936）	早稻田大學 關西大學	美國 夏威夷	夏威夷・勇士	

參考資料：菊幸一著，《「近代プロ・スポーツ」の歴史社會學：日本プロ野球の成立を中心に》，頁114。

附表三

一九三四年（昭和九年）美國代表隊成員一覽表

姓名（英文）	交流賽職稱	在美球隊職稱	守備位置	備註
Thomas Shibe	顧問	費城運動家隊副會頭	無	
William Harridge	全權團長	美國聯盟總裁	無	
Connie Mack	總教練	費城運動家隊教練	無	1937年入選美國職棒名人堂
Earle Mack	助理教練	費城運動家隊助理教練	無	
Frank O'Doul	球員兼教練	紐約巨人隊	外野手	2002年入選日本職棒名人堂
Lefty Gomez	球員	紐約洋基隊	投手	1972年入選美國職棒名人堂
Clint Brown	球員	克里夫蘭印地安人隊	投手	
Earl Whitehill	球員	華盛頓參議員隊	投手	
Joe Cascarella	球員	費城運動家隊	投手	
Frank Hayes	球員	費城運動家隊	捕手	
Moe Berg	球員	華盛頓參議員隊	捕手	
Lou Gehrig	球員	紐約洋基隊	內野手（一壘）	1939年入選美國職棒名人堂
Charlie Gehringer	球員	底特律老虎隊	內野手（二壘）	1949年入選美國職棒名人堂
Jimmy Foxx	球員	費城運動家隊	內野手（三壘）、投手	1951年入選美國職棒名人堂
Rabbit McNair	球員	費城運動家隊	內野手（游擊）	
Hal Warstler	球員	費城運動家隊	內野手	
Babe Ruth	球員	紐約洋基隊	外野手（右外野）	1936年入選美國職棒名人堂
Earl Averill	球員	克里夫蘭印地安人隊	外野手（中外野）	1975年入選美國職棒名人堂
Bing Miller	球員	費城運動家隊	外野手（左外野）	

資料來源：讀賣新聞社編，《日米大野球戰》（東京都：讀賣新聞社，昭和9年〔1934〕），頁8-26；ベースボール・マガジン社編，《日米野球交流史─永久保存版》，頁86；National Baseball Hall of Fame website: http://baseballhall.org/discover/1934-japan-tour-footage-uncovered. 參閱時間：2016年6月30日；Sports-Reference website: http://www.baseball-reference.com/. 參閱時間：2016年6月30日。

按：此名單是以讀賣新聞社所編《日米大野球戰》這本觀戰手冊為底製作而成，但實際上參與的球員與名單是有差別。於是筆者另外以日本棒球界的官方雜誌社所編《日米野球交流史─永久保存版》一書，與美國棒球名人堂官方網站交叉比對，所製作更為確切的球員名單。

附表四 一九三四年美國隊、日本隊投手、打擊成績表

美國隊

投手成績

姓名	防禦率	出賽	先發	勝利	敗投	投球局數	被安打	被全壘打	三振	四壞球	失分	自責分
Earl Whitehill	1.41	6	5	6	0	51	32	1	30	10	9	8
Lefty Gomez	1.47	6	4	5	0	43	29	1	34	21	8	7
Joe Cascarella	4.62	5	2	3	1	39	49	4	26	8	21	20
Clint Brown	2.73	5	3	4	0	33	18	0	7	9	12	10
Jimmy Foxx	1.50	3	0	0	0	6	6	0	5	1	2	1

打者成績（40打數以上）

姓名	打擊率	出賽	打數	得分	安打	二壘安打	三壘安打	全壘打	打點	三振	四壞球	盜壘
Babe Ruth	.408	18	76	27	31	3	0	13	33	7	13	1
Earl Averill	.378	18	74	23	28	4	0	8	29	7	15	1
Bing Miller	.375	18	72	18	27	5	0	4	18	2	7	0
Rabbit McNair	.354	18	82	22	29	9	0	0	11	5	5	1
Lou Gehrig	.310	18	71	25	22	5	1	6	18	4	13	2
Charlie Gehringer	.288	18	80	24	23	3	1	4	21	1	13	1
Jimmy Foxx	.286	17	63	19	18	2	0	7	14	15	11	1
Frank Hayes	.226	14	53	12	12	2	0	1	8	10	10	1

打者成績（40打數以下）

0.176	打擊率	出賽	打數	得分	安打	二壘安打	三壘安打	全壘打	打點	三振	四壞球	盜壘
Earl Whitehill	.458	9	24	9	11	1	0	3	11	6	2	0
Lefty Gomez	.412	6	17	3	7	1	0	0	2	2	3	0
Hal Warstler	.267	12	30	6	8	0	0	1	2	8	6	1
Clint Brown	.250	5	12	0	3	0	0	0	1	3	0	0
Joe Cascarella	.200	6	15	1	3	0	0	0	0	3	0	0
Moe Berg	.111	6	18	4	2	1	0	0	3	1	1	0

資料來源：ベースボール・マガジン社編，《日米野球交流史—永久保存版》，頁86；Robert K. Fitts著、山田美明譯，《大戰前夜のベーブ・ルース：野球と戰爭と暗殺者》，頁405-406。

日本隊

投手成績

0.176	防禦率	出賽	先發	勝利	敗投	投球局數	被安打	被全壘打	三振	四壞球	失分	自責分
青柴憲一	7.83	6	1	0	3	33.1	49	8	17	25	39	29
澤村榮治	7.85	6	2	0	4	28.2	33	8	25	25	34	25
濱崎真二	9.23	7	1	0	2	26.1	33	9	10	14	37	27
武田可一	13.73	3	1	0	3	19.2	41	13	5	11	32	30
伊達正男	7.00	3	1	0	3	18	27	4	6	11	16	14
水原茂	30.00	1	0	0	1	3	8	2	2	3	10	7
史達魯賓	0.00	1	0	0	0	1	0	0	1	2	0	0

打者成績（20打數以上）

姓名	打擊率	出賽	打數	得分	安打	二壘安打	三壘安打	全壘打	打點	三振	四壞球	盜壘
井野川利春	.348	11	23	3	8	1	0	1	1	1	0	0
矢島粂安	.295	14	44	4	13	2	1	0	2	8	4	1
夫馬勇	.294	11	34	2	10	1	3	0	5	9	3	0
苅田久德	.276	16	58	6	16	3	0	0	2	1	5	3
永澤富士雄	.226	11	31	1	7	0	0	0	2	1	5	3
杉田屋守	.222	12	36	2	8	2	0	0	3	3	1	0
傑米堀尾	.195	15	41	4	8	0	0	1	1	6	4	0
新富卯三郎	.167	13	36	6	6	1	1	1	5	3	4	0
三原修	.158	11	38	4	6	1	0	0	2	8	2	5
水原茂	.095	10	21	2	2	1	0	0	3	3	1	0
中島治康	.075	12	27	0	2	1	0	0	3	6	5	?

打者成績（20打數以下）

姓名	打擊率	出賽	打數	得分	安打	二壘安打	三壘安打	全壘打	打點	三振	四壞球	盜壘
伊達正男	.444	5	9	0	4	1	1	0	0	2	1	0
伊原德榮	.429	4	7	0	3	0	0	0	0	2	0	0
淺倉長	.400	2	5	0	2	0	0	0	1	2	0	0
富永時夫	.333	4	12	1	4	0	0	0	1	2	1	0
村井竹之助	.333	3	6	2	0	0	0	0	0	1	0	0
濱崎真二	.273	9	11	0	3	1	0	0	0	2	0	0
李榮敏	.200	6	5	1	0	0	0	0	0	2	1	0
倉信雄	.182	4	8	1	1	0	0	0	0	1	0	0
青柴憲一	.167	6	12	1	2	0	0	0	0	2	2	0
山下實	.158	7	19	3	3	1	0	0	1	2	0	0
山本榮一郎	.100	7	10	1	1	0	1	0	1	2	0	0
久慈次郎	.056	7	18	0	1	0	0	0	0	1	1	0
澤村榮治	.000	5	7	0	0	0	0	0	0	5	2	0
牧野元信	.000	4	10	0	0	0	0	0	0	3	2	0
武田可一	.000	3	7	1	0	0	0	0	0	2	1	0
二出川延明	.000	3	7	0	0	0	0	0	0	2	0	0
江口行男	.000	1	2	0	0	0	0	0	0	2	1	0
史達魯賓	.000	1	0	0	0	0	0	0	0	0	0	0

附表五 一九四〇年「夏之陣」滿洲賽程

	巨人	阪神	阪急	翼軍	名軍	黑鷲	金鯱	南海	獅王	
7/26	神戶出發									7/26
7/27										7/27
7/28										7/28
7/29	大連－奉天									7/29
7/30	開幕式（奉天）									7/30
7/31	金(奉天)	18：48 抵新京		6:18抵新京		獅(奉天)	巨(奉天)		鷲(奉天)	7/31
8/1	鷲・名(大連)	金・翼(新京)	南・獅(奉天)	神(新京)	巨(大連)	巨(大連)	神(新京)	急(奉天)	急(奉天)	8/1
8/2			翼(新京)	急(新京)				獅(新京)	南(新京)	8/2
8/3	神(大連)	巨(大連)		鷲(奉天)	金(大連)	南・翼(奉天)	名(大連)	鷲(奉天)		8/3
8/4	急(大連)	獅(鞍山)	巨(大連)		鷲(大連)	名(大連)	獅(鞍山)		金・神(鞍山)	8/4
8/5	獅(吉林)			鷲(奉天)		南・翼(奉天)		鷲(奉天)	巨(吉林)	8/5
8/6		南(新京)	名(奉天)	名(奉天)	急・翼(奉天)		南(新京)	金・神(新京)		8/6
8/7	金(新京)	翼(奉天)	鷲(新京)	獅・神(奉天)		急(新京)	巨(新京)		翼(奉天)	8/7
8/8	急(新京)	獅(奉天)	巨(新京)		南(奉天)	金(新京)	鷲(新京)	名(奉天)	神(奉天)	8/8
8/9		名(奉天)		南(奉天)	神(奉天)			翼(奉天)		8/9
8/10	南(大連)	金(奉天)	南(大連)		金(奉天)		名・神(奉天)	急・巨(大連)		8/10
8/11	鷲(鞍山)	急(大連)	金・神(大連)	名(新京)	翼・獅(新京)	南・巨(鞍山)	急(大連)	鷲(鞍山)	名(新京)	8/11
8/12	獅(奉天)		名(奉天)		急(奉天)	南(安東)		鷲(安東)	巨(奉天)	8/12
8/13	翼(大連)	獅(撫順)		金・巨(大連)			翼(大連)		神(撫順)	8/13
8/14		急(奉天)	翼・神(奉天)	急(奉天)	鷲(大連)	名(大連)		獅(大連)	南(大連)	8/14
8/15	金(吉林)						巨(吉林)			8/15
8/16		鷲(大連)	南(新京)	金(新京)	獅(大連)	神(大連)	翼(新京)	急(新京)	名(大連)	8/16
8/17	名(大連)	獅(大連)	金(新京)	南(新京)	巨(大連)		急(新京)	翼(新京)	神(大連)	8/17
8/18	南・翼(新京)	南(大連)	獅(鞍山)	巨(新京)	神(大連)		獅(鞍山)	巨(新京)	金・急(鞍山)	8/18
8/19		鷲(大連)	翼(新京)	急(新京)	南(新京)	神(大連)		名(新京)		8/19
8/20	急(撫順)		巨(撫順)	名(哈爾濱)	翼(哈爾濱)	金(大連)	鷲(大連)		金(大連)	8/20
8/21	獅(大連)					獅(大連)			鷲・巨(大連)	8/21
8/22	神(大連)	巨(大連)	獅(大連)	鷲(新京)		翼(新京)	獅・南(新京)	金(新京)	急(大連)	8/22
8/23		南(奉天)	鷲(奉天)	獅(奉天)	金(鞍山)	急(奉天)	名(鞍山)	神(奉天)	翼(奉天)	8/23
8/24	*名(新京)*	鷲(錦縣)	獅(安東)	南(鞍山)	*巨(新京)*	神(錦縣)		翼(鞍山)	急(安東)	8/24
8/25	閉幕式／紅白戰(奉天)									8/25
8/26	紅白戰(大連)									8/26
8/27	紅白戰(大連)									8/27
8/28	紅白戰(旅順)									8/28

* 灰底：比賽中止
* 方框：非正式比賽
* *斜體：關東軍獻金比賽*

參賽球隊：巨人、阪神、阪急、翼、名古屋、黑鷲、金鯱、南海、獅王（共9隊）
比賽地點：（正式）奉天滿鐵球場、大連滿俱球場、新京兒玉公園球場、鞍山昭和製鋼球場
（非正式）撫順、安東、吉林、錦縣、哈爾濱
表格製作參考：《「鉄道と野球」の旅：1872〜共に駆けぬけた150年史（野球雲8号）》（東京都：啓文社書房，2018年），頁69。

附表六 職業野球聯盟戰死選手名簿

巨人隊出身

背號	姓名	位置	出身校	出生年	入團年
14	澤村 榮治	投	京都商	1917	1936
1	田部 武雄	內野	明治大	1906	1936
13	青柴 憲一	投	立命大	1912	1936
12	倉 信雄	捕	法政大	1910	1936
5	伊藤健太郎	外野	千葉中	1916	1936
27	吉原 正喜	捕	熊本工	1919	1938
28	鈴木田 登滿留	外野	熊本工	1918	1939
29	廣瀨 習一	投	大津商	1922	1941

阪神隊出身

背號	姓名	位置	出身校	出生年	入團年
2	小川 年安	捕	慶應大	1911	1936
7	村田 重治	投	京橋商	1917	1936
6	景浦 將	投、外野	立教大	1915	1936
3	岡田 宗芳	內野	廣陵中	1917	1936
20	加藤 信夫	內野	專修大	1917	1936
27	松廣 金一	外野	明治大	1916	1937
25	玉井 榮	外野	小倉工	1918	1937
19	西村 幸生	投	關西大	1910	1937
26	奈良 友夫	內野	廣島商	1917	1937
33	上田 正	外野	廣島松本商	1914	1937
38	三輪 八郎	投	高崎中	1921	1939
32	森 國五郎	外野	大分商	1919	1939
39	亀田 敏夫	投	夏威夷大	1918	1939
37	大橋 衛	投	佐伯中	1921	1939
37	松下 繁二	外野	法政大	1916	1941
20	平林 榮治	內野	松本商	1920	1941
5	野口 昇	內野	中京商	1922	1941
16	前川 正義	內野	東邦商	1923	1942
24	三輪 裕章	內野	桐生中	1921	1942
無	辻 源兵衛	投	海草中	1925	1944
無	森田 明義	投	坂出商	1924	1944
無	中野 道義	捕	松山商	1926	1944

阪急隊出身

背號	姓名	位置	出身校	出生年	入團年
8	島本 義文	捕	橫濱高工	1911	1936
12	大原 敏夫	內野	越智中	1918	1937
15	荒木 政公	投	長崎海星中	1919	1939
19	青木 勤	投	藤岡中	1921	1939
8	池田 久之	捕	長崎商	1921	1939
26	伊東 甚吉	內野	瀧川中	1920	1939
27	新富 卯三郎	外野	小倉工	1915	1939
29	森田 定雄	內野	岐阜商	1920	1940
10	桑島 甫	內野	慶大	1918	1941
18	高柳 常治	內野	北神商	1922	1942

名古屋隊出身

背號	姓名	位置	出身校	出生年	入團年
24	後藤 正	內野	慶應大	1912	1936
14	前田喜代士	外野	慶應大	1912	1936
21	白木 一二	外野	國學院大	1915	1937
8	村瀨 一三	內野	享榮商	1918	1938
16	中村 三郎	內野	明治大	1912	1939
18	村松 幸雄	投	掛川中	1920	1939
26	石丸 進一	投	佐賀商	1922	1942

金鯱隊出身

背號	姓名	位置	出身校	出生年	入團年
5	廣田 修三	捕	廣島松本商	1914	1936
2	江口 行男	內野	享榮商	1915	1936
23	森田 實	外野	飯塚商	1919	1939

大東京隊－獅王－朝日出身

背號	姓名	位置	出身校	出生年	入團年
3	鬼頭數雄	外野	日本大	1917	1936
無	永井 武雄	監督	慶應大	1904	1936
16	原 一朗	捕	吳港中	1918	1937
18	福士 勇	投	青森商	1919	1939
11	林 安夫	投	一宮中	1922	1942
無	森本 清三	內野	明治大	1926	1944

参議員－翼－大洋－西鐵出身

背號	姓名	位置	出身校	出生年	入團年
22	織邊 由三	外野	育英商	1920	1939
8	村松長太郎	外野	浪華商	1921	1940

鷲－大和軍出身

背號	姓名	位置	出身校	出生年	入團年
18	古川 正南	投	明治大	1915	1937
2	寺内 一隆	外野	立教大	1912	1937
27	中河 美芳	投、内野	關西大	1920	1937
33	岡田 福吉	内野	早稲田大	1917	1940
8	木村 孝平	内野	浪花商	1921	1941

南海隊－近畿日本出身

背號	姓名	位置	出身校	出生年	入團年
8	納家 米吉	投	法政大	1914	1938
19	中本 政夫（牧野 岩夫）	投	鹿兒島實	1920	1938
21	宮口 美吉	投	京阪商	1919	1938
8	天川清三郎	投	平安中	1919	1939
11	岩初 清	外野	海草中	1918	1939
18	國久 松一	外野	興國商	1919	1939
16	北原 昇	内野	立教大	1917	1941
14	增田 敏	内野	鹿兒島實	1923	1942
25	八木 進	捕	關西學院中	1924	1942

註：人員名單以鈴木龍二著的《鈴木龍二回顧録》為主，頁182-187；球員個人資料則是參照ベースボール・マガジン社編，《プロ野球70年史》記録編，（東京：ベースボール・マガジン社，2004年），頁4-69以及日本野球機構官方網站http://npb.jp/而成。

附表七 日本職棒單一聯盟時代球團變遷圖（1936-1949）

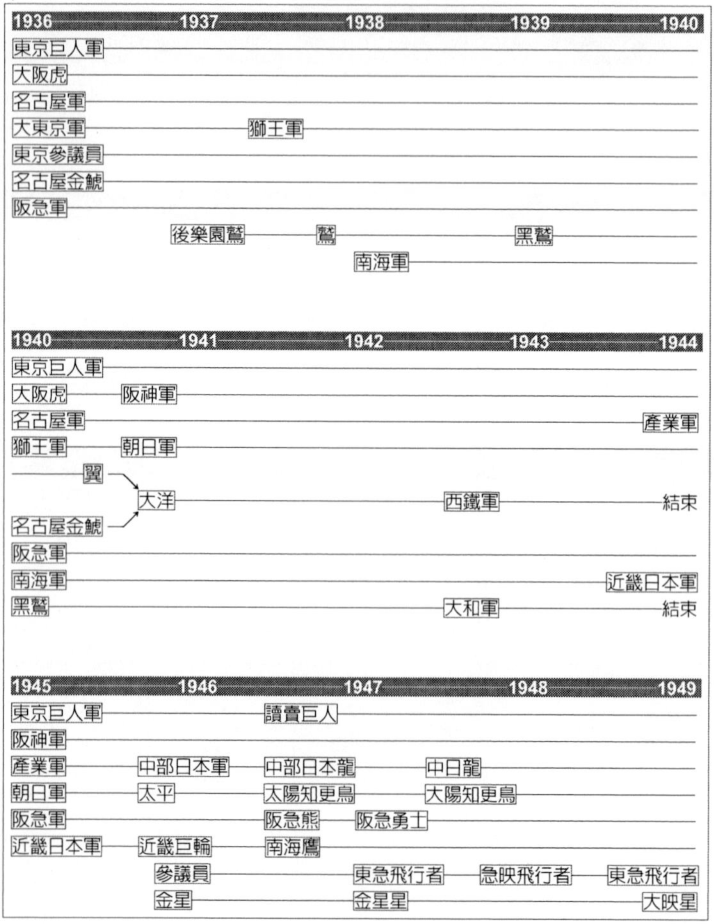

資料來源：參考李承曄，〈日本職棒球團變遷圖〉，收於《日本職棒入門聖經》。

附表八 日本棒球大事年表（1872-1949）

時間	事件
1872（明治5）年	威爾森在開成學校首次將棒球介紹給學生，視為日本棒球史的開端。
1878（明治11）年	遊學美國的平岡熙回國，創立日本第一支棒球俱樂部——新橋運動俱樂部。
1883（明治16）年	東京大學的英語教師斯特蘭奇著有*Outdoor Games*一書，為日本最早以英文介紹棒球的文獻。
1885（明治18）年	下村泰大編《西洋戶外遊戲法》，是以日本語介紹棒球最早的書籍。
1890（明治23）年	5月17日，一高棒球隊與外國傳教士發生衝突，史稱「伊布里事件」。
1894（明治27）年	中馬庚將英語「Baseball」翻譯成和製漢語「野球」。
1896（明治34）年	第一高等學校（一高）與橫濱外國人球隊比賽，以29比4獲得勝利，使得野球在全國的人氣提升，同時也是日本第一場棒球的國際比賽。
1903（明治36）年	日本著名的大學野球對抗賽「早慶戰」正式開打。
1904（明治37）年	6月1日，早大擊敗一高，結束一高的黃金時代。
1905（明治38）年	早稻田大學野球隊首次遠征美國，並帶回許多棒球的新技術。
1906（明治39）年	因為早、慶兩校球迷應援過為激烈，導致停辦「早慶戰」（一直到1925年才恢復）。
1907（明治40）年	慶應大學首次邀請外國球隊到日本交流，並進行日本首次收費的比賽。
1911（明治44）年	8月29日到9月22日，《朝日新聞》連載「野球及其毒害」相關報導。
1915（大正4）年	由《朝日新聞》所舉辦第一屆全國中等學校優勝野球大賽（現在的夏季甲子園大賽）於豐中球場舉行。
1920（大正9）年	日本最早的職業球隊——日本運動協會（芝浦協會）成立。1923年的關東大地震後，移到關西，於1929年解散。
1924（大正13）年	第一屆全國選拔中等野球大賽（現在的春季甲子園大賽）於名古屋的八事球場舉行；同年，甲子園球場完工。
1925（大正14）年	早慶戰復活；東京帝國大學加盟，東京六大學聯盟正式開打。
1926（大正15）年	明治神宮球場完工。
1927（昭和2）年	城市對抗野球大會開始；夏季甲子園大賽首次使用收音機實況轉播。
1929（昭和4）年	在早慶戰的「天覽試合」（天皇至現場觀賽）；東京六大學的全盛時代。
1931（昭和6年）	東京讀賣新聞社邀請美國職業棒球大聯盟明星隊前來日本，與日本大學明星隊進行比賽。

（續上表）

時間	事件
1932（昭和7）年	文部省施行「野球統制令」。
1934（昭和9）年	東京讀賣新聞社舉辦第二次日美棒球對抗賽，當中。美國史上最偉大的棒球員貝比魯斯也隨隊來到日本，造成日本棒球界極大的轟動；12月，以日本隊為班底，成立大日本東京野球俱樂部（現在的讀賣巨人隊）。
1936（昭和11）年	東京巨人、大阪虎、名古屋、東京參議員、阪急、大東京、名古屋金鯱等七隊，共同組成「日本職業野球聯盟」。
1937（昭和12）年	西宮、後樂園球場完工。
1940（昭和15）年	7月26日，日本職業野球聯盟的全部球團，接受滿洲日日新聞社的招待，前往滿洲舉行一個月的夏季聯盟（到8月31日結束）；9月12日，因應國家戰時體制，改正綱領，禁止使用英文。
1943（昭和18）年	戰爭激烈化，文部省中止學生野球等活動；聯盟決定野球用語全面「日本化」。
1944（昭和19）年	「日本野球聯盟」改名為「日本野球報國會」；職業野球也受到戰爭的波及，於是被迫停辦。
1945（昭和20）年	11月18日，在神宮舉行全早大與全慶大的競賽；11月23日，職業野球舉行戰後首次的東西對抗賽。
1946（昭和21）年	學生野球、社會人野球、職業野球聯盟皆在這年恢復舉辦；6月19號，麥克阿瑟接收後樂園球場。
1948（昭和23）年	在橫濱葛里格球場首次舉辦夜間比賽。
1949（昭和24）年	2月23日，正力松太郎就任日本職業野球初代「委員長」；10月15日，戰後首次日美職業棒球交流賽；11月26日，從單一聯盟體制走向兩聯盟體制。

資料來源：《プロ野球70年史》歷史篇，頁18、67、88-91；小関順二著，《野球を歩く：日本野球の歴史探訪》（東京都：草思社，2013年），頁252-259；森岡浩著，《高校野球100年史》，頁58-63、110-111、154-156。

讀歷史116　史地傳記類　PC0827

野球場就是戰場！

——美國陰影下的日本職棒發展1934-1949

作　　者／劉建偉
責任編輯／鄭伊庭
圖文排版／林宛榆、莊皓云
封面設計／蔡瑋筠

發 行 人／宋政坤
法律顧問／毛國樑　律師
出版發行／秀威資訊科技股份有限公司
114台北市內湖區瑞光路76巷65號1樓
電話：+886-2-2796-3638　傳真：+886-2-2796-1377
http://www.showwe.com.tw
劃撥帳號／19563868　戶名：秀威資訊科技股份有限公司
讀者服務信箱：service@showwe.com.tw
展售門市／國家書店（松江門市）
104台北市中山區松江路209號1樓
電話：+886-2-2518-0207　傳真：+886-2-2518-0778
網路訂購／秀威網路書店：https://store.showwe.tw
國家網路書店：https://www.govbooks.com.tw

2020年7月　BOD一版
定價：320元
版權所有　翻印必究
本書如有缺頁、破損或裝訂錯誤，請寄回更換

Copyright©2020 by Showwe Information Co., Ltd.
Printed in Taiwan
All Rights Reserved

國家圖書館出版品預行編目

野球場就是戰場! : 美國陰影下的日本職棒發展
1934-1949 / 劉建偉著. -- 一版. -- 臺北市 :
秀威資訊科技, 2020.07
面； 公分. -- (史地傳記類)
BOD版
ISBN 978-986-326-779-9(平裝)

1. 職業棒球 2. 歷史 3. 日本

528.955 109000256

讀者回函卡

感謝您購買本書，為提升服務品質，請填妥以下資料，將讀者回函卡直接寄回或傳真本公司，收到您的寶貴意見後，我們會收藏記錄及檢討，謝謝！

如您需要了解本公司最新出版書目、購書優惠或企劃活動，歡迎您上網查詢或下載相關資料：http:// www.showwe.com.tw

您購買的書名：________________________________

出生日期：________年________月________日

學歷：□高中（含）以下　□大專　□研究所（含）以上

職業：□製造業　□金融業　□資訊業　□軍警　□傳播業　□自由業

□服務業　□公務員　□教職　□學生　□家管　□其它_____

購書地點：□網路書店　□實體書店　□書展　□郵購　□贈閱　□其他

您從何得知本書的消息？

□網路書店　□實體書店　□網路搜尋　□電子報　□書訊　□雜誌

□傳播媒體　□親友推薦　□網站推薦　□部落格　□其他__________

您對本書的評價：（請填代號　1.非常滿意　2.滿意　3.尚可　4.再改進）

封面設計____　版面編排____　內容____　文／譯筆____　價格____

讀完書後您覺得：

□很有收穫　□有收穫　□收穫不多　□沒收穫

對我們的建議：________________________________

____

____

____

請貼
郵票

11466
台北市內湖區瑞光路 76 巷 65 號 1 樓
秀威資訊科技股份有限公司 收
BOD 數位出版事業部

（請沿線對折寄回，謝謝！）

姓　　名：________________ 年齡：________ 性別：□女　□男

郵遞區號：□□□□□

地　　址：____

聯絡電話：(日) ________________ (夜) ________________

E-mail：____